I0407538

देवकी

(Devki)

डॉ. ओम प्रकाश यादव

(Dr. Om Prakash Yadava)

ISBN - 10: **1545452393**

ISBN-13: **978-1545452394**

देवकी

<u>समर्पण</u>

जीवन पथ पर चलते हुये अनेकानेक अवसर आये जब सामने अंधेरा था, कुछ लोगों ने हाथ पकड़ने का प्रयास किया, कुछ लोगों ने धोखा दिया और कुछ लोग तटस्थ बने रहे; उन सभी लोगों ने किसी न किसी रूप में शक्ति दी झंझावातों मे भी खड़े होने की; यह रचना उन सभी को समर्पित है।

....

विषय सूचि

प्रस्तावना

भारतीय संस्कृति, धर्म ग्रन्थों, लोक कथाओं एवं हमारी मान्यताओं में कुछ बहुत ही शक्तिशाली पात्र ऐसे हैं जो अल्पावधि के लिये पटल पर आते हैं और फिर विलुप्त हो जाते हैं, इनके बारे में न कोई सोचता है और न कोई चर्चा ही होती है। इन्हीं पात्रों में देवकी भी एक है, जो महाभारत क़ालीन साहित्य में मात्र श्रीकृष्ण की माँ, वसुदेव की दूसरी पत्नी एवं मथुरा नरेश कंस की प्रिय बहन के रूप में जानी जाती है। जबकि सत्य यह है कि देवकी का सारा जीवन, संताप, घुटन व परिस्थियों से लड़ने में व्यतीत हुआ फिर भी उसने जीवन के उद्दात मूल्यों के लिये समझौता नहीं किया। बचपन से युवावस्था तक उसने अपनी माँ का एकाकीपन एवं अपने पिता से उनकी दूरी को देखा लेकिन अपने बड़े भाई कंस का स्नेह उसे भरपूर मिला। ब्याह हुआ, पति के घर पहुँचने के स्थान पर उसे मथुरा का कारागृह प्राप्त हुआ जहाँ सारा यौवन, उमंग, आशायें, जीवन के सपनें प्रस्तर प्राचीरों की छाया में व्यतीत हो गये। कहने को उसे आठ-आठ सन्तानें प्राप्त हुयीं, लेकिन उसने किसी एक का भी मुख तक भी नहीं देखा, अगर उसे कुछ प्राप्त हुआ तो केवल उनका मृत्युरुदन। उसकी छः सन्तानें कंस के हाथों जा चुकी थीं पर आगे की दो सन्तानों को वसुदेव-देवकी किसी भी तरह बचाना चाहते थे। उन्होंने किस तरह उनकी रक्षा की इसके सम्बंध में हमारे ग्रन्थों में जो कुछ लिखा है वह अपना महत्व रखता है पर एक वैज्ञानिक दृष्टिकोण से उन्हें कैसे सम्भव बनाया गया होगा उसका विवेचन इस पुस्तक में करने का प्रयास किया गया है।

देवकी ने अपने जीवन के स्वर्णिम छब्बीस वर्ष कारागार में व्यतीत किये थे, उसे लगा कि जब एक राजा निरंकुश हो जाय तो वह मदमत्त हो कर कुछ भी कर सकता है अतएव गणराज्य लोकतंत्र पर आधारित होना चाहिये। राजा हो अपितु वह प्रजा के चुने हुये प्रतिनिधियों के परामर्श पर शासन व्यवस्था का संचालन करे। इसे केन्द्र विन्दु में रखते हुये उसने श्रीकृष्ण को मथुरा में प्रजातंत्र स्थापित करने के लिये कहा था, लेकिन अन्तोगत्वा वह व्यवस्था श्रीकृष्ण के लिये ही भारी पड़ गयी। द्वारका में भी वही प्रयोग दुहराया गया, हालाँकि श्रीकृष्ण ने अपनी माँ को इसके लिये सचेत किया था। द्वारका एक अत्यंत सम्पन्न देश था जहाँ धन बिना मेहनत के प्राप्त हो रहा था जिसने द्वारकावासियों में वैभव और विलासिता का युग्म बना दिया, जिसका परिणाम बहुत ही भयंकर हुआ। सम्पूर्ण यदुवंश आपस में ही लड़ कर समाप्त हो गया।

ऐसा कहा जाता है कि इतिहास दुहराता है। जो कुछ श्रीकृष्ण ने अपनी माँ से लोकतंत्र के सम्बंध ने कहा था वह आज भी उतना ही सच है, जितना उस समय था। भरत भूमि पर लोकतंत्र स्थापना के प्रयास मथुरा, द्वारका एवं लिच्छवी गणराज्य में हुये और वे सभी एक समय के पश्चात असफल हो गये। आज के संदर्भ में यह अति चिन्ता का विषय है।

देवकी और श्रीकृष्ण दोनों एक दूसरे से इस तरह जुड़े हुये हैं कि एक के बिना दूसरा अधूरा है, फिर भी हमारे ग्रन्थों में देवकी के जीवन व योगदान का कोई उल्लेख नहीं मिलता, इसी रिक्तता को पूर्ण करने के उद्देश्य से इस पुस्तक मे प्रयास किया गया

है। महाभारत क़ालीन युग डूबते-उतराते जीवन मूल्यों का, विरोधाभासों का, बदलते परिवेशों का ओर स्वार्थ परता का युग कहा जा सकता है। ऐसे कालखण्ड में जीवन मूल्यों को, धर्म को, न्याय को पुनरप्रतिष्ठित करना एक असाध्य एवं दुष्कर कार्य था, फिर भी श्रीकृष्ण ने माँ के आशिर्वाद की छाया में उसे सम्भव किया लेकिन वही श्रीकृष्ण यदुवंश का विनाश नहीं रोक सके। माँ देवकी भी नितांत असहाय सी देखती रह गयी और उसी के सामने उसका पुत्र धराधाम से चला गया। कितनी पीड़ा संजोई होगी देवकी ने अपने अन्तस्तल में अपने आप मे एक शोध का विषय है। जो कुछ भी तथ्य, लोक कथायें तथा प्रचलित मान्यतायें उपलब्ध हैं उनमें कोई परिवर्तन नहीं किया गया है लेकिन कारण और प्रभाव के स्थापित सिद्धान्त को ध्यान में रखते हुये घटनाक्रमों का उल्लेख करने का प्रयास किया गया है।

इस रचना के माध्यम से मैंने अपने सुधी पाठकों को एक अनछुआ विचार देने का प्रयास किया है, और आशा है यह प्रयास पाठकों के अन्तस्तल को छूने में सफल होगा।

डॉ. ओम प्रकाश यादव
मार्च, २०१७

....

प्रथम सर्ग

कारामुक्ति

कर प्रणाम जननी को,
ले चरण-रज पुण्य पिता की,
मुरलीधर केशव ने,
काट बेड़ियाँ कंस की,
खोल जंजीरें लिपटीं उनके तन से,
मुक्त किया,
कारागृह से दोनों को,
मातु-पिता को एक नया जीवन दे,
जो स्वंय उनसे ही था पाया,
उसी कारागृह में ।
प्रेम भाव विह्वल,
हो मुदित मन से,
लगा लिया सीने से पिता ने,
उस गिरधर को,
पाया था जिसे चौदह वर्ष पूर्व,
उसी कारा-कक्ष में,
जिसकी केवल एक झलक देखी थी,
जननी-जनक द्वय ने ।
वह कोमल-कोमल नन्हा शिशु,
जिसको जतन से रख,
पर्ण-टोकरी में,
निशा भयंकर में,

कड़कती तड़ित मध्य,
मूसलाधार बरसते मेघों के जल-प्रलय में,
कालिया नाग सी उफनती, फुफकारती,
कालिन्दी को पार किया था,
प्राणों की बाज़ी देकर,
गोकुल तक जाने को,
नवजात कान्हा की जान बचाने को,
जो आकाशवाणी के कथानुसार,
आया था, धरा-धाम से पाप मिटाने को ।
आज उसी पिता को कर रहा था,
बन्धन-मुक्त वही नन्हा शिशु,
जिसके चरण-स्पर्श से,
शांत हो गयीं थी मतवाली कालिन्दी की लहरें;
भूले नहीं आज भी वसुदेव,
कालिन्दी की वह क्रीड़ा,
जो उन्होंने उस भाद्र मास के कृष्ण-पक्ष की,
अष्टम निशा भयंकर में था झेला;
जैसे जैसे वे बढ़ते जाते कालिन्दी के जल में,
रखे शिशु को पर्ण-टोकरी में अपने सिर के ऊपर,
कालिन्दी की मतवाली लहरें भी ऊपर उठती जातीं,
उनके शीश तक आने,
जैसे उन्हें डुबोने को,

हो गये व्यग्र चिन्तित,
शिशु की रक्षा कैसे कर पाऊँ,
कहीं स्वंय ही न इस कालनेमि में समा जाऊँ ।
हो गया अनिष्ट यदि शिशु का,
सारा प्रयत्न व्यर्थ जायेगा,
महाकाल भी मुझे क्षमा न कर पायेगा,
कंस की पिशाच लीलाओं से,
यह धरा-खण्ड कभी मुक्त न हो पायेगा ।
तभी अचानक हुआ स्पर्श उन्हें,
अपने मस्तक के नीचे,
उस नवजात शिशु के पैरों का,
घबरा गये वसुदेव,
कहीं बच्चा गिर न पड़े जल में,
अनुभूति हुयी उनको जल था उसके पैरों तक आया,
अटके प्राण गले में उनके,
महा अनर्थ किसी तरह टल जाये;
हो गये विस्मित और अचम्भित,
जब अगले ही पल कर स्पर्श उन नन्हें पैरों का,
शान्त हो गया यमुना जल,
जैसे कभी उफान नहीं था, उन्मत्त वेग नहीं था,
तरनि तनूजा जल प्रवाह में ।
कर पार कृष्णा की अनंत जलराशि,

आ गये अच्युत गोकुल में,
निशा भयंकर में हो रहा कठिन था,
पाना सदन नंद-यशोदा का,
घूम रहे थे बीथी-बीथी, गली-गली,
पर समझ न आता था,
कौन सा वांक्षित घर होगा,
जिसमें वह अपनी थाती सुरक्षित रख पायेंगे,
धराधाम के धर्मप्रणेता की जान बचा पायेंगे;
तभी दूर एक टिमटिम करती लौ,
दीये की पड़ी दिखायी,
किसी नवजात शिशु की आहट भी पड़ी सुनायी;
अब विलम्ब न था,
नंद-यशोदा का घर पाने को,
अपने बच्चे को सुरक्षित स्थान पहुँचाने को;
दबे पांव आ घर के भीतर,
रख अपना शिशु,
सोयी माँ के पार्श्व में,
धीरे से उठा लिया उस बच्ची को,
कुछ प्रहर पहले ही जो धराधाम पर थी आयी,
द्रुत गति से लौट गये,
उसी मथुरा के कारागृह को ।

रोमान्चित हो गये वसुदेव,
याद कर अतीत की बातें,
गुज़र गया अँधियारा कालखण्ड नैनो के आगे;
समझ न पाये,
क्या वास्तव में वे मुक्त हो गये थे बन्धन से ?
तभी देवकी की करुणासिक्त वाणी पड़ी सुनायी,
वत्स ! इधर आओ, मेरे सीने से भी लग जाओ,
मैं हूँ एक अभागन माँ,
जिसने जन्म दिया तुमको,
पर देख न पाया तेरा शैशव;
मेरी दुनिया सिमट गयी,
इन दीवारों के भीतर,
कब उषा आई, कब प्रभात आया, कब आ गई
सुहानी संध्या,
ज्ञात नहीं मुझको,
लगता मुझको जैसे सतयुग, त्रेत्रा, द्वापर,
बीत गये तीनों इस कारागृह के अन्दर,
छोड़ चुकी थी आशा,
क्या मुक्त कभी हो पाऊँगी,
क्या मथुरा के खुले निसर्ग में श्वास ले पाऊँगी ?
केवल एक सहारा था,
नभ से आयी उस वाणी का,

स्यात् किसी दिन मुक्ति-मार्ग मिल जाये,
माँ कालिन्दी के पुन: दर्शन हो पायें ।
तुम हो गये किशोर वय चौदह के,
मैं तो मात्र करती रही प्रतिक्षा,
इतने वर्षों से,
कैसे होगा मेरा वह नन्हा,
कैसे हो रहा वह बड़ा होगा ?
सुनती थी मैं बातें,
तेरे नटखटपन की, तेरे अल्हड़पन की,
तेरे शौर्य-तेज़ की, तेरे कालिया मर्दन की,
ये सब ढाढ़स मुझे बँधात थे,
मेरे धैर्य को द्विगुणित कर जाते थे ।
मेरे आठ-आठ बच्चों में तू ही बचा अकेला है,
तेरी आस ने ही मेरे जीवन को इतनी दूर तक
धकेला है ।
अब, तू आ गया मुझे मिला सहारा है,
जीवन नैया को मिल गया किनारा है ।
पर मैं न कभी भूलूँगी उस माँ कल्याणी को,
जिसने तुझको साँचे में ढाला है,
जिसने तुझको पोसा-पाला है,
मिलने जाऊँगी उससे,
वह मेरी परम सहेली है;

मुझको उसका क़र्ज़ चुकाना है,
मुझको भी अपना फ़र्ज़ निभाना है ।
केशव ने लिपट जननी के आँचल में,
माँ का मनुहार किया,
"ख़त्म हुये तेरे दुख के दिन,
अब मुक्ति-मार्ग पर आओ,
मुझपर जितना जी चाहे स्नेह लुटाओ;
यातना मिले तुझको,
मैं रहूँ किसी और माँ के आँचल में,
स्यात् यही नियति हमारी थी,
विधाता ने भेजा हमको किसी कार्य हेतु,
यही राह हमारी थी;
पर मैं गोकुल की उस माँ का ऋण कभी चुका न
पाऊँगा,
ज्ञात नहीं मुझको क्या फिर कभी उस माँ से,
मैं मिल पाऊँगा ?"
काट सभी बंधन, खोल कारागृह के सभी दरवाज़े,
मुक्त किया केशव ने लौट जाने को खुली हवा में,
तभी माँ बोली, अभी एक कार्य अधूरा है,
वह भी करना तुझको पूरा है,
तेरे नाना महाराज उग्रसेन अब भी बन्दी हैं,
इसी कारागृह की दीवारों में,

मुक्त करो उनको भी,
एक नया इतिहास रचो प्रजातन्त्र के सत्ता की ।
ले आदेश जननी का सर आँखों,
काट दिये बंधन समस्त नाना के,
मुक्त किया उनको भी कारागृह की प्राचीरों से,
अपने ही बेटे के अत्याचारों से;
अगला सोपान,
मुक्ति-मार्ग पर बढ़ना था,
प्रजातन्त्र को पुन: प्रतिष्ठित करना था ।

....

द्वितीय सर्ग

कंस उद्भव

हो रही थी समाप्त कंस की शस्त्र-विद्या,
प्रवेश पाना था उसको,
कर्म-नीति, धर्म-नीति के प्रांगण में,
अवसर को जनता तक पहुँचाना था,
महाराज उग्रसेन को अपना वैभव,
दिखलाना था;
रखा गया मल्ल-युद्ध का आयोजन,
मथुरा के केन्द्रीय प्रांगण में,
दूर-दूर से आये प्रत्याशी,
थे व्यस्त अपने-अपने अभ्यासों में,
गुरु थे, शिष्य थे, संरक्षक थे,
अभिभावक भी थे व्यस्त,
अपने-अपने प्रत्याशी को सफल बनाने में ।
प्रांगण के मध्य था एक उच्च पटल,
जिसपर था मल्ल-युद्ध स्थल बना हुआ,
उस पर अनायास ही दृष्टि जाती थी,
हर प्रत्याशी की, उसके संरक्षक की,
पहुँचने की चाह वहाँ तक थी,
चाह विजय की थी उस स्थल पर,
हर मल्ल-योद्धा की;
उसके पार्श्व में स्थित था,
स्वर्ण जड़ित उच्चतम आसन राजा-रानी का,

जिनके प्रांगण में आते ही,
प्रतियोगिता का श्रीगणेश होना था,
षोडश वर्षीय किशोर-युवा कंस भी,
था प्रतिद्वंदी इस आयोजन का ।
तुरही की धुन पड़ी सुनायी,
बजे मृदंग-नगाड़े,
हुआ शोर महाराज आये, महाराज आये;
स्वर्ण मुकुट धारण किये हुये,
वस्त्र, अलंकार, अलंकरण सुशोभित,
महाराज उग्रसेन आये,
घिरे हुये दास-दासियों से,
कुछ छत्र लीये पीछे,
कुछ ध्वज लीये आगे;
उद्घोषणा की प्रहरी ने,
उठ खड़े हुये सभी नर-नारी,
हो नत मस्तक अभिवादन कर,
महाराज का सत्कार किया;
दे प्रत्युत्तर महाराज हो गये आसीन सिंहासन पर;
एकत्रित समूह ने भी ग्रहण किया
अपना-अपना आसन ।
पर विस्मित थे सभी नर-नारी,
देख रिक्त आसन महाराज के पार्श्व का,

जो था महारानी पद्मावती का;
जन-जन के अन्तर में प्रश्न उठा,
क्यों नहीं महारानी आयीं,
क्या बात हुयी, क्यों महाराज अकेले?
कंस भी चकराया देख माँ का आसन ख़ाली,
बचपन से ही घूम रहा था उसके मन में,
जो एक प्रश्न अपनी माँ के लिये,
क्यों पिता निरादर करते माँ का ?

प्रतियोगिता हुयी प्रारम्भ,
संकेत पा महाराज का,
प्रतिद्वंदी आये अलग-अलग वय समूह में,
किशोर भी थे, युवा भी,
कुछ थे अनुभवी, कुछ नौसिखिया,
कुछ ने दिखलाये करतब,
कुछ आते ही जीत-हार का निर्णय करा गये,
कुछ ने निराश किया शुभचिन्तकों को,
कुछ सबके मन को भा गये;
प्रतियोगिता चलती रही,
प्रहर बीता, फिर दो, फिर तीन,
पर नहीं आईं महारानी,
जन-समूह झेलता रहा परेशानी;

अंतिम सोपान आ चला,
अब थी बारी कुमार कंस की,
सभी प्रतिद्वंदी रहे ठिठकते, सकुचाते,
कंस से दाव लगाने से घबराते,
तभी महाराज ने घोषणा की,
जो भी कुमार कंस को हरायेगा,
सहस्त्र स्वर्ण मुद्रायें पारितोषिक पायेगा ।
नई लहर सी आयी,
नया जोश, नया उत्साह आया,
प्रतिद्वन्दियों में नया रंग लाया,
आये कई प्रतिद्वंदी आगे,
एक-एक कर सबने अपने कौशल दिखलाये,
पर कंस के सम्मुख टिक न पाये,
हो गये धराशायी कुछ ही पल में,
अन्तोगत्वा सर्वश्रेष्ठ मल्ल-योद्धा का,
कुमार कंस ने परिचय पाया ।

हुआ समारोह पारितोषिक वितरण का,
कर प्रारम्भ न्यूनतम वय समूह से,
एक-एक कर विजेता आते,
महाराज के हाथों पुरस्कार पाते,
महाराज स्नेह-मुस्कान बिखराते पुरस्कार देते,

गुरु-अभिभावक स्नेह से उन्हें गले लगाते;
जो सफल नहीं हो पाये थे,
उन्हें भी प्रोत्साहित करने को,
और परिश्रम करने की सीख दे,
महाराज ने अनुग्रह उपहार दिये,
सबको अपनी करुणा से सरोबार किये,
अन्त में सर्वश्रेष्ठ विजेता की बारी थी,
कंस ने भी पुरस्कार ग्रहण की कर ली तैयारी ;
कंस जब मंच पर आया,
महाराज ने स्नेह नहीं दिखलाया,
बुझे भाव से पारितोषिक दे अपना धर्म निभाया,
प्रसंशा का एक भी शब्द नहीं सुनाया ।
बिंध गया भाव यह कंस के सीने में,
जन समूह ने भी विस्मय दर्शाया,
पर कारण क्या था, कोई समझ न पाया ।

रात्रि में जब कंस जा रहा था सोने,
याद आ गयी दिन की पूरी घटना,
बिंध गया तीर फिर सीने में,
क्यों नहीं पिता ने स्नेह दिखलाया,
क्यों नहीं औरों की तरह मुझे भी गले लगाया?
विचार श्रिंखला बढ़ने लगी आगे,

स्मृतियों में आने लगे दिन बीते,
उसने सदैव पिता से उपेक्षा ही पाया,
पिता ने नहीं कभी प्यार था जतलाया,
उसने देखा था माँ को एकान्त में रोते,
चपके-चुपके स्वंय को आँसुओं में भिगोते,
सभी राजे महराजे आते अपनी रानियों के संग,
कहीं भी निमन्त्रण हो, आयोजन हो
या हो कोई अवसर,
पर महाराज उग्रसेन अकेले ही जाते,
छोड़ महारानी पद्मावती को राजभवन में,
कहीं कहीं कंस भी जाता,
पर नहीं पिता संग,
अपने अलग के रथ पर अपने सेवकों संग ।
वह समझ नहीं पाता था,
पिता से पूछने में सकुचाता था,
माँ से पूछा कई बार,
पर मिला नहीं उत्तर कोई,
रहा निराश निरुत्तर से,
जिज्ञासा बनी रही निरंतर,
है अवश्य कोई विशेष कारण,
इस सबके पीछे,
पर वह है क्या?

वर्ष दो और बीत गये यूँ ही,
नहीं मिला कंस को कोई उत्तर,
बनी रही यथा स्थिति,
महाराज उग्रसेन के व्यवहार में,
उसके प्रति, उसकी माँ के प्रति;
वय अठारह हो रही थी पार कंस की,
निकला जा रहा था अवसर
उसे युवराज घोषित करने का,
पर महाराज थे शांत, निष्क्रिय,
माँ ने भी नहीं था कोई उत्साह दिखाया,
इससे कंस और भी था घबराया,
पर समझ नहीं पाता था,
कैसे वह अपने प्रश्नों के उत्तर पाये,
कैसे वह युवराज बन जाये ।
विचार कौंधा मगधराज जरासंध,
हैं वे राजनीति के परम ज्ञानी,
मेरे पिता से सम्बन्ध नहीं उनके अच्छे,
पर साहस नहीं करते मथुरा पर आक्रमण करने की
मेरे डर से,
यदि मैं उनसे मिल जाऊँ,
तो युवराज क्या,
मथुरा का शासक बन जाऊँ;

आखेट गमन का बहाना कर,
निकल पड़ा एक दिन मगध को,
विश्वस्त सैनिकों का एक जत्था लेकर ।
बढ़ चला प्राची-प्रान्गण को,
जरासन्ध से मिलने को,
द्रुत गति से आगे बढ़ रहा था,
गन्तव्य था दूर अधिक,
समय था कम, आशंका थी
कहीं महाराज को यदि संशय हो जाये,
सारी योजना धरी रह जाये,
कंस था आशंकित यदि कहीं ऐसा हो गया,
भविष्य न बचा पाऊँगा,
महाराज का कोप भाजन बन जाऊँगा ।
नदी, नाले, मैदानों को पार करते,
पहुँचा प्रयाग गंगा तट स्थित,
मुनि भारद्वाज आश्रम;
अपनी योजना सफल बनाने को,
ऋषि का आशिर्वाद पाने को,
कर अभिवादन गिरा ऋषि के चरणों में,
प्रार्थना की मुनि की बहु विधि,
भेंट दी, की अभ्यर्थना पूजा ।
ऋषि थे अन्तर्यामी,

देख कंस, भविष्य की हर घटना जानी,

समझ गये उसका अतीत भी, प्रयोजन भी,

उसके प्रति अपना कर्म भी, अपना धर्म भी,

मुनि ने समझा उचित उसका उद्भव बतलाना,

कंस को उसके भवितब्य की ओर ले जाना ।

वत्स ! उग्रसेन से नहीं तुम्हारा,

पिता-पुत्र का नाता;

अवश्य महारानी पद्मावती तुम्हारी जननी हैं,

पर जनक तुम्हारे हैं कोई और,

महाराज उग्रसेन ने नहीं कभी स्नेह दिया तुमको,

तिरस्कार दिया हर पल,

माँ भी नहीं कभी तुम्हें वात्सल्य-विभोर कर पायी

खुल कर,

रहीं कोसती उस पल को,

जब दुर्मिल ने बाँधा था अंकपाश में उनको,

छद्मवेश में उग्रसेन के,

जिसकी परिणति रही तुम्हारे रूप में;

अनुजा देवकी ने सदैव तुम्हें सराहा,

सम्मान किया अग्रज रूप में,

वही है उस राजमहल में,

जो बाँधे है तुमको,

दे स्मिता तुम्हारी ।

वत्स! स्वंय को पहचानो,
तुम हो शक्ति-पुंज,
अपना मार्ग बनाओ,
उसपर आगे आगे बढ़ते जाओ,
ध्वज होगा तेरा,
चक्र होगा तेरा,
साम्राज्य होगा तेरा,
यश होगा, किर्ति होगी,
सुख होगा, वैभव होगा,
पर सावधान वत्स !
परीक्षा होगी हर पल,
तेरे न्याय-धर्म की,
तेरे गुण-अवगुण की,
तेरे अनीति-अधर्म की,
यही विधाता की इच्छा है,
सफल रहे अनंत कीर्ति पाओगे,
हुये असफल यदि,
अनंत-अंत में मिल जाओगे ।
जाओ वत्स! अपने लक्ष्य की ओर जाओ,
पर न भूलना कभी,
जो चेतावनी दी मैनें तुम्हें अभी ।

कर पार भागीरथी गंगा को,
चला कंस मगध को,
ले मन मे अगणित आकांक्षायें,
मुनि का आशिर्वाद समझ,
पर शनैः शनैः भूल गया,
चेतावनी जो उसको दी थी ऋषिवर ने ।
कई बार पार कर जान्हवी की धारा,
उभण-खाभण राहों को,
हरे-भरे खेत और खलिहानों को,
पहुँचा कंस गन्तव्य मगध,
भेजा प्रणाम महाराज जरासंध को,
साथ में स्वर्णाभूषण, रत्न,
और अपना सादर निवेदन,
उनके चरण-स्पर्श का।
जरासंध हर्षाये, कंस को तुरंत बुलवाये,
अपने विशेष कक्ष में,
जहाँ अति विशिष्ट अतिथि ही थे आते;
कंस, महाराज से मिलने अकेले ही आये,
कर चरण स्पर्श शिश झुकाये;
अति विनम्रता देख,
हो मुदित महाराज ने कंस को गले लगाया,
पूछा कुशल-क्षेम,

दे यथोचित आसन बैठाया,
थे चकित शत्रु-पुत्र क्यों मिलने आया,
वह भी बिना किसी पूर्व सूचना के,
कर उचित सम्मान कहा कंस को,
अतिथि-गृह जाने को,
सुखपूर्वक निशा बिताने को,
पर जाते-जाते पूछा कंस से,
मात्र शिष्टाचार निभाने आये हो,
या कुछ प्रयोजन भी लाये हो,
कंस ने प्रत्युत्तर में इतना ही कहा,
महाराज मैं तो याचक हूँ,
आपकी कृपा माँगने आया हूँ ।
अगले दिन कंस को मंत्रणा-कक्ष में बुलवाया,
महाराज ने अपने पार्श्व में उसे बिठाया,
पूछा बहुत कुछ इधर-उधर की बातें,
जान लिया क्या कुछ चल रहा कंस के मस्तिष्क में,
अंत में पूछा प्रयोजन कंस का मगध तक आने का,
खुल चुका था कंस अब तक,
बता दी उसने अपने मन की बातें,
और महाराज उग्रसेन से तिरस्कार,
जो उसने अब तक पाया था;
जरासंध को था ज्ञात उसके जन्म के बारे में,

उसके लालन-पालन,
और सामर्थ्य शक्ति के बारे में,
वह भी उसके आने के बहुत पहले से ही,
अच्छा लगा सुन कर
बहुत सी बातें कंस के मुख से ।
गुप्तचर विभाग ने सभी सूचना दे रखी थी जरासंध को,
पद्मावती-दुर्मिल की कुटिल प्रेम लीला,
जो छल कर की थी दुर्मिल ने,
कंस जन्म, महाराज उग्रसेन की उदासीनता,
देवकी का सौंदर्य एवं कंस का भगिनी-स्नेह,
लेकिन नहीं लग पायी भनक ज़रा भी,
कंस के अचानक मगध आगमन की,
पर पुलकित हो गये थे मिल कर कंस से,
कर उससे बातें,
देख उसका स्वभाव
एवं उसकी शौर्य-गाथा,
बना लिया मन,
सहायता करने की उसकी,
एवं बनाने की उसे अपना जामाता ।
जरासंध नहीं भूले थे,
स्वंय अपना जन्म रहस्य,

हुये थे पैदा एक विकलांग रूप में,
त्याग दिया था जनक-जननी ने,
जन्म के तुरंत पश्चात;
उन्हें नहीं चाहिये थी ऐसी संतति,
जो राजमहल में पैदा होकर भी,
राजपुरुष न बन पाये,
बोझ रहे जीवन भर राजा-रानी के ऊपर,
तथा कटाक्ष भाजन बन जाये ।
भला हो उस पुण्यमयी का,
उस युग की महान शल्य-चिकित्सका ज़रा का,
जिसने उठा लिया,
उस त्यागे बालक को,
कई बार शल्य क्रिया कर,
कर अंग प्रत्यरोपण उस बालक का,
उसे एक सुडौल-सुन्दर रूप दिया,
पाला-पोसा, शिक्षा दिलवायी राजपुरुष के अनुरूप,
जैसे जैसे बालक बड़ा हुआ,
बता दिया उस पालक-जननी ने,
सच जरासंध का ।
जरासंध ने सोच लिया था,
उचित समय आने पर,
मगध राज्य हथियाने का,

उस जनक-जननी को दूर भगाने का,
त्याग दिया था जिन्होंने उसको;
उसी इतिहास को दुहराते,
देख रहा था वह,
आज कंस के साथ,
एक अनचाही संतान के रूप में,
इसीलिये योजना बना डाली,
कई काम एक साथ निपटाने की ।

महाराज जरासंध ने किया आग्रह,
कुछ दिन मगध में रुक जाने का,
कंस को सभी दर्शनीय स्थल दिखलाने का,
आतिथ्य सत्कार पाने का,
कंस को थी जल्दी लौट जाने की,
कारण स्पष्ट कर,
क्षमा सहित अनुमति माँगी वापस जाने की;
मान गये मगधराज,
दे पुन: आश्वासन यथाशीघ्र
योजनानुसार कार्य अपनाने की ।
कंस का मनोरथ पूर्ण हो चुका था,
केवल एक ही इच्छा थी,
शिघ्रातिशिघ्र मथुरा पहँच जाने की,

अपनी लम्बी यात्रा छिपाने की;
छोड़ पदातियों को पीछे,
अश्व-वाहिनी ले हो गया अग्रसर,
बढ़ चला अति वेग से मथुरा को,
यात्रा थी लम्बी, दुर्गम भी,
पर अनुभव था जो काम आया,
पहुँच गया मथुरा अल्प अवधि में,
कर अभिवादन मातु-पिता का,
हो गया लिप्त सामान्य कार्य विधि में ।
शनै: शनै: दिन बीत रहे थे,
देख रहे थे परिवर्तन कंस के आचरण में,
हठधर्मिता तज सुशील हो गया था,
राज कार्य की हर विधा सीख रहा था,
जनता की सुनता था,
कोई याचक आता,
सहायता करता था,
पर उग्रसेन के अंतर में शंका थी जाग रही,
महाराज सोच रहे थे,
आखेट काल मे ऐसा क्या हो गया,
जो हृदयहीन कंस इतना बदल गया ?

कुछ माह बीते,

गुप्तचर ने एक दिन सूचना दी,
मगधराज सैन्य वाहिनी के साथ आ रहे,
मथुरा की सीमाओं की ओर,
दो चार दिन बीते मगध की सेना,
आ पहुँची मथुरा की सीमाओं तक,
घोष कर दिया आक्रमण का;
हाथ-पाँव फूल गये उग्रसेन के,
तुरंत सभा की सेनापतियों से,
सबने उठा दिये हाथ,
नहीं शक्ति-सामर्थ्य ज़रासंध से लड़ने की,
विकल्प,
संधि या समर्पण;
कंस रहा शांत नहीं कोई प्रतिक्रिया दिखलायी,
सभी विस्मित थे,
है क्या कंस ने कोई योजना बनायी ?

आ पहुँचीं मगध की सेनायें कालिन्दी तट तक,
पल भर में राजमहल तक आ सकती थीं,
थे भयभीत नगरवासी,
सेनानायक पलायन की राह चले जाते थे,
यही उचित अवसर था,
कंस ने तलवार उठाई,

अकेले ही कर दिया वध सभी अंगरक्षकों का,
पकड़ महाराज उग्रसेन को,
जकड़ बेड़ियों में डाल दिया बन्दीगृह में;
उद्घोषित कर दिया स्वंय को,
महाराज मथुरा जनपद का,
जिसने भी विरोध किया,
स्वर्ग की राह गया;
अनुजा देवकी थी कंस की परम सनेही,
कहा कंस से, उचित नहीं यह कर्म तुम्हारा,
पर कंस ने राजधर्म की बातें कह,
शांत किया उसकी जिज्ञासा ।
महाराज कंस ने कर पार कालिंदी की धारा,
अगुवाई की महाराज जरासंध की,
सादर ला मथुरा में बहु-विधि सत्कार किया,
शांत हों मगधराज, मनुहार किया,
हो गयी मैत्री संधी दोनों में,
मगध नरेश ने मुदित मन अपनी,
दोनों पुत्रियों अस्ति और प्राप्ति का,
कंस को कन्यादान किया,
बन गया चिरस्थायी सम्बंध,
जामातृ-श्वसुर का;
पर मथुरा राज्य किस राह चला जायेगा,

आने वाला समय बतायेगा ?

....

तृतीय सर्ग

द्वन्द

था कंस हो चला निरंकुश,
निर्मोही, अत्याचारी,
नहीं किसी का भय था,
नहीं कोई था प्रतिद्वंदी बनने वाला,
पूर्व में महाराज जरासंध का सम्बल था,
पश्चिम में महाबली कालयवन हो गया मित्र था;
उत्तर दक्षिण में नहीं था कोई,
जो मिला सके आँखें उससे,
एक से एक सामर्थ्यवान आ गये थे,
ध्वज के नीचे उसके,
पूतना से लेकर तृणावर्त तक राक्षसों की टोली,
चान्डूर, मुष्टिक जैसे शक्तिशाली मल्लयोद्धा,
थे उसकी मुट्ठी में,
वह स्वंय भी था अपूर्व बलशाली,
उसके साथ हो गयी थी टोली शक्तिशाली ।
वृष्णिवंशी सभी जन नेता उससे डरते थे,
अक्रूर जैसे सामंत उसका पानी भरते थे,
नहीं था कोई सम्मुख भी आ जाये,
उसके अत्याचारों के विरुद्ध आवाज़ उठाये;
थे अवगुण सब उसमें,
फिर भी नारी का सम्मान नहीं भूला था,
लगता स्यात् पूर्व जन्म में,

रावण से उसका नाता था;
अस्ति और प्राप्ति से तृप्त रहता था,
पर जनता पर हर तरह के,
अनाचार, अत्याचार करता था ।
भूल नहीं पाता था,
वह अपनी माँ का चेहरा,
जो उसके अन्य चार भाइयों एवं भगिनी देवकी की,
जननी हो कर भी,
राजमहल के एकान्त में ही रहती थी;
उग्रसेन पर था क्षोभ बहुत उसको,
जो दोहरा मानदण्ड अपनाते थे,
नारी को भोग्या ही समझ पाते थे ।

वह अक्सर सोचा करता था,
दशरथ के पुत्रदायिनी यज्ञ में
क्यों श्रृंगी ऋषि को ही बुलवाया था,
जिनकी वय सत्ताइस थी और,
जिसने नहीं कभी किसी नारी को देखा था ।
जब वह एकाकी पन में होता,
स्वंय से ही बातें करता,
अपने में ही कुछ बुनता, धुनता, गुनता रहता था,
उसकी पत्नियाँ देखा करती थीं,

प्रश्नों से भरा हुआ भाव,
पर कभी नहीं कुछ कहता था ।
उसे अपना ही कालखण्ड याद आता,
मुनि पराशर और धीवर बाला,
मत्स्यगंधा के अवैध सम्बंधों का,
जिसकी परिणति रहे कृष्णद्वैपायन,
वह थे पूजित कुरु-कुल में,
नहीं किसी ने इन सम्बंधों पर प्रश्न-चिन्ह उठाया था,
और वही मत्स्यगंधा,
महाराज शान्तनु की भार्या रूप,
जग में सम्मानित आयी थीं,
अपने लिये देवब्रत जैसे महानायक का,
बलिदान चढ़ायीं थीं;
मेरी माँ ने ऐसा क्या कर दिया,
हो गयीं त्याज्य,
पिता उग्रसेन ने उनको नहीं कभी सम्मान दिया,
सार्वजनिक जीवन में नहीं
महारानी का स्थान दिया ।
उसे याद आते भीष्म,
अपहरण किया था काशी नरेश की तीन-तीन
कन्याओं का,
निर्विर्य विचित्रवीर्य का परिणय करने को,

जो एक छलावा था,
जो कहीं न्यायसंगत नहीं हो सकता था,
मात्र, भीष्म ने अपनी शक्ति दिखलाया था,
बलात अपहरण का ध्वज लहराया था,
नारी की गरिमा, नारी का अधिकार,
नारी की स्मिता को झुठलाया था ।
अम्बिका, अम्बालिका झुक गयीं उस निर्विर्य के लिये,
पर अम्बा ने रोष दिखलाया था,
अड़ गयी भीष्म से पाणिग्रहण करने को,
बन कापुरूष प्रतिज्ञा का ले बहाना,
पलायन का मार्ग भीष्म नें अपनाया था;
जब किया अपहरण था,
निश्चित ही बालाओं का पाणि पकड़ कर,
रथ तक लायें होंगे,
अपने पार्श्व में बिठा कर हस्तिनापुर लाये होंगे,
था मार्ग बहुत लम्बा,
स्थान - स्थान पर निशा बिताएं होंगे,
जब नहीं प्रतिज्ञा ने रोका इतना कुछ करने को,
कैसे आड़े हाथों आ गयी पाणिग्रहण को ।
विचित्रवीर्य नहीं कर सकते थे सन्तानोत्पत्ति,
सत्यवती ने कृष्णद्‌वैपायन को बुलवाया था,
फलस्वरूप कुरुवंश ने,

धृतराष्ट्र, पांडु और दासी-पुत्र विदुर को पाया था ।
जिस कालखण्ड ने इन सबको स्वीकारा, गले लगाया,
उसी समाज ने, उसी कालखण्ड ने क्यों,
मुझे, मेरी माँ को ठुकराया ?
धृतराष्ट्र थे जन्मान्ध,
नहीं थी कोई राजकुमारी उत्सुक,
उनसे परिणय करने को,
भीष्म ने पुन: पुराना कार्य दुहराया था,
शक्ति-प्रदर्शन कर गांधार नंदिनी,
को अपहृत कर लाया था,
लगता है अच्छा लगता था भीष्म को,
राजकुमारियों का अपहरण करना,
उन्हें किसी और को सौंपना ।
सारे कुकर्म थे कालखण्ड को स्वीकार,
योजनाबद्ध अनाचार थे समाज को स्वीकार,
माता-पिता, परिवार को भी स्वीकार,
मेरी माँ से भूल हुयी कुछ अनजाने में,
क्यों महाराज उग्रसेन नें,
क्यों वृष्णिवंश्यों ने, क्यों समाज ने,
उन्हें नहीं स्वीकारा,
मुझे नहीं स्वीकारा ।
ऐसे लज्जा हीन समाज को ठोकर देना होगा,

अत्याचार धनुष पर शक्ति तीर चढ़ा कर,
निर्मम प्रहार करना होगा,
हृदयहीन जनमानस को दण्डित करना होगा ।

कंस ने सीखा था अपने ही जीवन से,
शक्तिमान नर ही जीता है,
शक्ति कुचलने की हो जिसमें,
सम्मान उसी का होता है,
समाज में कोई आदर्श नहीं,
कोई मूल्य नहीं;
शक्तिवान, सामर्थ्यवान जो कहता, जो करता,
आदर्श वही बन जाता है,
जीवन-मूल्य निकलते उसकी वाणी से,
उसके प्रहार से ही युग गति पाता है ।
इसी पृष्ठभूमि में कंस निरंतर आगे बढ़ता जाता था,
रोज़ नये नित अनाचार, अत्याचार का मार्ग अपनाता
था,
प्रजा करती त्राहि त्राहि,
आनंद उसे आता था,
माँ बन गयी थी राही शान्ति-पथ की,
अलग-थलग रहती थी,
भगिनी देवकी ही राजमहल में,

साहस करती थी भ्राता कंस से कुछ कहने की,
प्रजा का दुख-दर्द सुनाने की,
पर कंस टाल जाता था कह कर,
भगिनी यह उपालम्भ तुम्हारा है कुछ दिन का,
मार्ग हो रहा प्रशस्त तुम्हें आगे जाने का,
दाम्पत्य धर्म अपनाने का,
मथुरा अपनी राह रहेगा चलता,
तुम अपनी राह चली जाओगी,
किस किस का कष्ट फिर मुझे सुनाओगी ।

....

चतुर्थ सर्ग

परिणय एवं प्रलय

था कंस बहुत चिन्तित,
देवकी परिणय को,
एक योग्य वर पाने को;
पिता उग्रसेन थे बन्दीगृह में,
हो मुक्त पुत्री की चिन्ता से,
सारी ज़िम्मेदारी कंस को वहन करनी थी,
बहन की शिघ्रातिशिघ्र डोली उठनी थी ।
स्वंयवर नहीं था उसे स्वीकार,
अत: वर पाना था देवकी की इच्छानुसार,
जो उसे भी हो अंगीकार;
बहुत खोज की, बहुत मंत्रणा की,
नहीं कोई मन भाया,
कोई देवकी को नहीं स्वीकार,
कोई कंस को अस्वीकार,
अन्त मे उसकी दृष्टि समाई,
अपने मित्र वृष्णिवंशी वसुदेव पर,
जो थे सर्वगुण सम्पन्न कुलीन,
पर थे विवाहित भार्या रोहिणी से,
अन्तोगत्वा समस्या का मिल गया समाधान,
बहु पत्नी प्रथा थी उस युग में,
कंस स्वंय था द्विपत्नी पति,
यदि कुमारी को हो स्वीकार ।

देवकी ने कंस से सुना प्रस्ताव,
सुना वसुदेव का गुण व्यवहार,
हो गयी परिणय को तैयार ।
कंस ने भेजा प्रस्ताव वसुदेव को,
इस नये सम्बंध का,
मित्रता की सीमा को नया रूप देने का,
आपस में जुड़ जाने का ।
वसुदेव ने पूछा प्रथम पत्नी रोहिणी से,
उसका परामर्श पाने को,
दूसरी पत्नी को अपनाने को,
रोहिणी ने सुन रखा था,
देवकी का रूप-स्वभाव,
हो गयी तैयार उसे पाने को,
सहेली रूप में अपनाने को;
नहीं बाधा बची कोई,
हो गया स्वीकार प्रणय बंधन,
वसुदेव और देवकी का ।
कंस था मुदित, अति मुदित,
अपने मित्र को सम्बंधी रूप में पाने से,
अपनी प्रिय भगिनी को,
अपने मित्र की भार्या बनाने से,
बातें बढ़ीं आगे, शुभ दिवस, शुभ मुहूर्त,

शुभ घड़ी का हुआ निर्णय,
पाणिग्रहण संस्कार सम्पन्न कराने का,
वसुदेव को बारात लेकर आने का;
प्रारम्भ हो गयीं विवाह की रीतियाँ, संस्कार,
वर पक्ष, वधू पक्ष दोनों ओर,
सौग़ातें आने लगीं, जाने लगीं दोनों ओर,
प्रसन्नता थी, व्यस्तता थी दोनों ओर,
कंस ने खोल दिये थे,
अपने हृदय के सभी कपाट,
लोग विस्मित थे देख उसका यह रूप,
हो चला था अति उदार,
एक निर्दयी, निरंकुश, अत्याचारी,
ऐसा प्रतीत होता था,
कंस भूल गया निर्ममता, निष्ठुरता,
अनाचार, अत्याचार, क्रूरता, कुटिलता;
प्रजा प्रसन्न थी राज्य मथुरा की
जन मानस था प्रसन्न,
यदि कंस ऐसा ही रह जाये,
फिर न कोई चिन्ता उन्हें सताये ।
समय बीत रहा था तिब्र गति से,
परिणय तिथि निकट थी आती,
जग में हुआ न हो ऐसा आयोजन,

युग रह जाये चकित देख उसका प्रबंधन,
चिन्ता यही कंस को सताती ।
अन्ततः आ गया दिवस देवकी परिणय का,
सब मथुरावासी वधू पक्ष से आये,
ले हार, सुगंधि, मिष्ठान्न,
बारात के स्वागत को धाये;
महिमा मंडित वसुदेव आये आरूढ़,
रत्न जड़ित, श्वेताश्व संचलित रथ पर,
लगता स्वंय कामदेव हों आये,
धराधाम पर देवकी से परिणय को ।

हुये सम्पन्न विधि-विधान से,
अगुवाई, स्वागत, द्वार पूजा,
आई देवकी ले हाथों में वरमाला,
वसुदेव रथ से आये नीचे,
अपने हाथों में भी लिये एक माला,
दोनों ने एक दूसरे को डाली अपनी-अपनी माला,
रति सी लगी देवकी,
जैसे ही दृष्टि मिलायी,
भूल गये वसुदेव उनकी एक और थी लुगाई ।
रात्रि भोज कर चले गये मथुरावासी,
प्रारम्भ हुयी क्रिया परिणय बंधन की,

लाये गये उग्रसेन कर मुक्त अल्पावधि को,
कारागृह से,
कन्यादान, सप्तपदी आदि का विधिवत,
अनुष्ठान हुआ,
अगला दिन रहा व्यस्त विभिन्न समारोहों से,
पूजा, अनुष्ठानों से,
जनाशीष, स्वस्ति वाचन एवं अन्न दानों से ।
रात्रिभोज था, सभी यादव सामंत थे आये,
अनेकानेक उपहार भी लाये,
श्रेष्ठ एवं कुलीन यदुवंशी अक्रूर फूले नहीं समाये,
देख कंस का सेवा भाव,
मुग्ध हो गये मथुरा के नर नारी,
मुग्ध हो गयी कालिन्दी की धारा,
जिसने देखा था कंस का कलुषित कारा,
तट से जिसके कुछ ही दूर था वह,
बन्दी रूप में क़ैद किये महाराज उग्रसेन को ।
थी अन्तिम रात्रि देवकी की मथुरा के राज महल में,
जन्म जहाँ था उसने पाया,
देखा माँ का एकाकीपन,
स्नेह था भ्राता से पाया;
आने वाली उषा एक नया संदेशा लायेगी,
देवकी को सुदूर यहाँ से ले जायेगी,

ये प्राचीरें, ये परकोटें, ये प्रांगण,
ये आँगन, ये गलियारें सब स्वप्न हो जायेंगे,
बचपन से लेकर यौवन तक साथ दिया,
जिन दास, दासियों, सहेलियों ने धुआँ धुआँ हो
जायेंगे ।
सोच सोच कर देवकी घबराती थी,
पिता नहीं थे, दे सकें सान्त्वना, आशिर्वाद,
माँ मात्र आँखों से स्नेह बरसाती थी ।

रुकता नहीं काल,
अबाध गति से बहता जाता है,
चिन्ता करता नहीं सूर्य,
कौन नहीं देता, कौन अर्घ्य दे जाता है,
रुकती नहीं रात्रि,
उषा आती, प्रभात आता है,
आगम, निगम का संदेश लाता है;
हो चुका प्रभात देवकी के जाने का,
दाम्पत्य कर्म मार्ग अपनाने का,
प्रातः अल्पाहार दे सादर विदा किया,
कंस ने सभी बाराती, सम्बंधी, आमन्त्रित;
हो मुक्त विदाई से उनके,
आई अब देवकी की बारी,

दे अतिशय सम्मान, स्नेह,
स्वंय सारथी बन, कंस स्वर्ण रथ ले आया,
कर विदा देवकी, वसुदेव को रथ में बिठाया,
अश्व-संचालन कर ले चला,
नवविवाहिता को उनके गन्तव्य तक पहुँचाने को,
चला द्रुतगति से वसुदेव गृह को,
कर कालिन्दी पार बढ़ा जैसे ही आगे,
हो गयी अचानक घटना, दुर्घटना,
नभ से एक देववाणी पड़ी सुनाई,
जो सबको विस्माई,
"रुको कंस, रुक जाओ,
मत आगे अश्व बढ़ाओ,
जिस युगल को साथ लिये जा रहे तुम,
स्नेह से, आदर से,
क्या उनके भविष्य को जाना है,
आने वाले दुर्भाग्य को पहचाना है ?
इनके आठ संतानें होने वालीं हैं,
उनमें कुछ ही जीवित रहनें वाली हैं,
इनका अंतिम पुत्र इतिहास बदल देगा,
तुम्हारा सर्वनाश कर देगा।"
हो गया बेसुध कंस,
विलुप्त हो गया सब उत्साह, उमंग,

समझ नहीं पाया उचित, अनुचित,
क्या करना, क्या नहीं करना है,
आने वाली आपदा से कैसे बचना है ?
कौंधा विचार उसके मस्तिष्क में,
क्यों न समाप्त कर दूँ,
उस बाँस को जिससे बाँसुरी बननी है,
जो मेरे हन्ता की जननी है,
तुरंत निकाल असि म्यान से चला कंस,
देवकी का सिरोच्छ्‌द करने को,
वसुदेव ने उसके पाँव पकड़
प्रार्थना की दया करने को,
"आप को भय है आठवें बालक से,
इस प्रिय भगिनी का वध क्यों करना,
मैं दूँगा आपको आँठवा बच्चा,
कृपा हम पर करना ।"
मान गया कंस पर फिर भी भय दूर नहीं हुआ,
वसुदेव से कहा,
आप दोनों को पड़ेगा मेरे कारागृह में रहना ।
कंस नहीं था इतना कुटिल, इतना पापी,
अपनी भगिनी से अतिशय स्नेह करता था,
मृत्यु भय सबको डँसता है,
अपनी जीवन रक्षा के लिये,

हर प्राणी अनेकानेक पाप करता है;
कभी कभी कोई कुटिल परामर्श दाता मिलता है,
जो पापी का पापकर्म द्विगुणित करता है ।

देववाणी की सूचना फैल गयी दावानल की भाँति,
लोग अचम्भित थे,
ऐसा कैसे हो सकता है,
क्या कोई भांजा अपने मामा का ही वध कर सकता
है?
फिर आठवाँ बच्चा है,
कब आयेगा, कब वीरपुरुष बन पायेगा,
है बात सूदूर भविष्य की,
तब तक क्या से क्या हो जायेगा;
ब्रह्मांड भ्रमण कर्ता क्रूर, कुटिल,
नारद को भी चर्चा पड़ी सुनाई,
दौड़े आये मथुरा नरेश को कुछ समझाने,
कंस से गहनतम पाप कराने ।
आग्रह किया कंस से एकान्त में मिलने का,
कुछ गूढ़ वार्तालाप करने का;
नारद ने उसे कुछ समझाया,
एक नया गणित बताया,
मत गिनों एक से आठ तक सीधी रेखा में,

समय चक्र में कोई भी आठवाँ हो सकता है,

जिसको भी जीवित रह जाने दो,

क्या ज्ञात वही तुम्हारा हंता हो,

उचित यही होगा हर बच्चे को तुम,

जीवन से मुक्त करो,

यही मुक्ति मार्ग होगा तेरा;

कंस आ गया झाँसे में,

नारद के फेंके पासे मे,

आदेश दे दिया वसुदेव को,

मुझको हर बच्चा देना होगा,

हर बच्चे से मुक्त तुम्हें होना होगा,

देवकी समझ न पाई उसका भाई ऐसा क्यों करता है,

थी बात आठवें बच्चे की,

क्यों हर बच्चे को मारने की बातें करता है;

मान कोई रहस्य नियंता का,

हरि की इच्छा,

देवकी ने हर आदेश शिरोधार्य किया,

हर बच्चा कंस को देना अंगीकार किया,

देवकी-वसुदेव को कारागृह में ही रहना होगा,

आने वाले अनजाने इतिहास को,

यहीं से रचना होगा ।

....

पंचम सर्ग

बंदीगृह

श्वेताश्व संचलित, स्वर्णजटित रथ से आ गयी,
देवकी सीधे बन्दीगृह में,
पीछे पीछे आये वसुदेव भी शीश झुकाये,
राजाज्ञा के आगे हो नतमस्तक,
किसी अनंत, अज्ञात पाप का बोझ उठाये,
त्याग दिये थे स्वर्ण मुकुट, अलंकार, अलंकरण,
रथ पर ही,
त्याग दिए वस्त्र, परिधान भी कारागृह के आगंतुक
कक्ष में;
देवकी ने त्यागा सब वस्त्राभूषण,
सौंप दिये प्रहरी को,
धारण कर लिया दोनों नें वेष-भूषा एक बन्दी की;
कंस ने दिया था अवसर,
चाहें तो दोनों रह सकते हैं,
अपने वस्त्राभूषण, अलंकरण में,
पर वसुदेव नहीं माने,
देवकी ने उनका साथ दिया,
अपने राजसी वस्त्राभूषण का त्याग किया;
समझ नहीं पा रहे दोनों अब क्या करना है,
भविष्य के अनंत गह्वर में कैसे रहना है ?
क्या देव वाणी सचमुच सच होगी,
या अनंत काल तक दिन सूने

और रात अँधेरी होगी;
हो रहा था चंचल मन, निष्क्रिय तन,
कुछ देता नहीं दिंखायी था,
सूनी सूनी प्राचीरों से कुछ पड़ता नहीं सुनाई था;
लगता गिर पड़े दो तारे आकाश गंगा से,
ब्रह्माण्ड की अनंत, अनजानी गहराई में,
स्वंय ईश समझ नहीं पाता,
जायेंगे कहाँ ये तारे,
क्या होगा इनका ?
देवकी-वसुदेव ऐसी ही स्थिति में थे आये,
सुख-सुहाग की आकांक्षा ले निकले,
सुनहरे स्वप्न सजाये,
स्वागत की आरती लिये प्रतीक्षारत रोहिणी,
वसुदेव के घरवाले, सगे-सम्बंधी
डूब गये, दुख-विषाद के सागर में,
जब उनके बन्दीगृह यात्रा का समाचार पाये;
साहस नहीं था किसी यदुवंशी में,
जो कंस के सम्मुख आ जाये,
वसुदेव-देवकी के मुक्ति का मार्ग बतलाये ।
देवकी थी विक्षिप्त सी बन्दीगृह में,
कैसा भाग्य मिला उसको,
जिस भ्राता ने सदैव स्नेह दिया उसको,

जो स्वंय सारथी बना उसका,
उसने ही डाल दिया उसको,
पाषाण शिला पर मधुयामिनी मनाने को,
चुभती प्राचीरों के भीतर निद्रा लेने को,
पाषाण कक्ष में जीने को,
जो भी हो सन्तति प्राप्त उसे,
कंस को निर्मम हत्या हेतु सौंप देने को;
पर सत्य यही था,
पर मुक्ति मार्ग ?
विधाता ही जाने,
हो सकता है उसे भी ज्ञात नहीं,
महाकाल की जैसी इच्छा !
शनै:शनै: देवकी ने अपना लिया,
बन्दीगृह में जीना,
दीवारों से बातें करना,
प्रस्तर खण्डों में दिब्य संगीत सुनना,
पाषाण शिलाओं पर चैन की नींद सोना,
जो भी मिल जाये हब्य-भोग समझना;
छोड़ दिया था उसने सर्वस्व नियति के हाथों,
यदि उसके पुत्र को धर्म की रक्षा करना होगा,
उसे जीवित रहना होगा,
नैराश्य-नद को तरना होगा ।

सोच रही थी देवकी,
देववाणी सुन कर कंस और भी क्रूर हो जायेगा,
प्रजा पर अपूर्व अत्याचार मचायेगा;
ऐसे बलशाली, अप्रतिम योद्धा का वध,
कोई सामान्य कार्य नहीं,
कोई अत्यन्त बलशाली देवपुरुष ही कर पायेगा,
यदि देववाणी सच है,
कोई ब्रह्म रूप ही मेरे माध्यम से आने वाला है,
मुझे प्रतिक्षा करनी होगी,
उसकी प्राप्ति के लिये,
इन प्रस्तर खण्डों में तपस्या करनी होगी,
मन में एक नया भाव आया,
नूतन उमंग प्रवाह लाया,
भूल गयी देवकी उसे संताप मिला है,
कारागृह का अभिशाप मिला है;
धन्यभाग है मेरा, ईश कृपा मुझे मिली है,
महाकाल की दयादृष्टि मुझे मिली है;
अब न कोई कष्ट भाव मन में आयेगा,
अब न राज्य विमुख होने का दर्द सतायेगा,
यही नियति है मेरी, प्रारब्ध हमारा,
वसुदेव के साथ तपाग्नि में जलना होगा,
स्वर्ण-भस्म के रूप निखरना होगा;

तपाग्नि की ज्वाला,
एक प्रचण्ड प्रकाश लायेगी,
मेरी आठवीं सन्तान के रूप में,
कोई अनंत शक्ति आयेगी ।

रह गयी चकित देवकी,
अचानक भाव परिवर्तन से,
निकल दुःख सागर से,
आ गयी आशा के उज्जवल नभ में;
उसे याद आ गयी,
दधीचि की तपस्या,
कितना कष्ट सहा होगा उस दानी नें,
जिसने गला-गला कर अपनी माँस-मज्जा,
जीवित रहते ही अपनी काया को,
अस्थि कंकाल बना डाला,
अपना जीवन दे डाला,
अमोघ वज्र बनाने को,
हो सके नाश वृतासुर का;
यह कष्ट बहुत कम है मेरा,
हूँ नहीं अकेले, साथ हैं पति मेरे;
इस काराकक्ष को तपोभूमि बनाना है,
तपाग्नि की ज्वाला से,

अनंत, अविनाशी को
आठवें पुत्र रूप में लाना है,
मिटा सके जो इस धरती से,
अधर्म, अनीति और पाप की आँधी ।

....

षष्टम सर्ग

दैविच्छा

देवकी ने कर लिया स्वीकार दैव की इच्छा,
हो गयी नतमस्तक जैसी हरि इच्छा,
बनना है यदि उसको युगपरिवर्तक की जननी,
पड़ेगी उसे हर पीड़ा सहनी;
कारागृह बन गया तपोभूमि, कर्मभूमि,
बनना है इन पाषाण प्राचीरों को युगनिर्माता की
जन्मभूमि;
उसके मनोभावों में परिवर्तन आया,
दृढ़ निश्चय हो उसने कर्म मार्ग अपनाया,
मिट गये समस्त क्लेश, सब पीड़ा,
लगने लगा कारा कक्ष कूल कालिन्दी का,
पाषाण खंडों से उपजे स्वर लगते,
सप्तस्वरों के ऊपर अष्टम स्वर,
संगीत मधुर लगती प्रहरी के पद चापों से आती
ध्वनि ।
लगता मथुरा के राजमहलों में थी वह बन्दी,
इस कारागृह की प्रचीरों में,
स्वतन्त्रता उसने पायी है,
चाहे स्नेह गया कल तक के अपनों का,
स्नेह-संग प्रियतम का पाया है;
इस छोटे से सँकरे से राजमहल में,
मान शिला खण्डों को अपनी प्रजा,

राज धर्म निभाना है,
आने वाले कल को स्वर्ण प्रभात बनाना है ।
कारागृह में थी पाबंदी,
आदेश कठिन प्रहरी गण पाये थे,
कंस ने लगा दिया था पहरा,
हर आने वाले पर, हर जाने वाले पर,
रोक नहीं पाता था,
प्रभात की किरणों को,
सुरमयी संध्या को,
यमुना के जल को छू कर आती स्निग्ध पवन,
प्राचीरों से टकरा कर करती थीं उत्पन्न,
देवध्वनि, मधुरिम संगीत;
देवकी को एक ही थी चिन्ता,
कट गयी थी वह बाह्यजगत से,
समाचार नहीं कोई मिलता था,
प्रहरी प्रमुख के माध्यम से संदेश दिया था,
कंस को, अनुमति देने को,
संगे सम्बंधियों को उनसे मिलने को;
कंस ने आदेश दिया था,
वसुदेव-देवकी से केवल एक व्यक्ति ही मिल सकता
है,
रोहिणी !

जो वसुदेव की प्रथम भार्या थी;
कभी-कभी रोहिणी उनसे मिलने आती थी,
घर का बना हुआ भोजन, मिष्ठान्न लाती थी,
दुख-सुख कह सुन जाती थी ।

कारागार में चतुर्थ माह था,
ज्ञात हुआ देवकी गर्भ से थी,
कंस हो गया चौकन्ना,
रोहिणी के आगम, निर्गम पर दृष्टि कड़ी रखी जाती
थी,
पर ऐसा कुछ मिला नहीं जो संदेहास्पद हो ।
मथुरा के राजवैद्य व चिकित्सिका आकर,
परीक्षण, निरीक्षण कर जाते थे,
यथोचित औषधियाँ दे जाते थे;
प्रसव का दिन जैसे जैसे निकट आ रहा था,
शासन तंत्र और भी सतर्क हो रहा था,
कोई न कोई चिकित्सिका रहने लगी कारागृह के
निकट ही,
वसुदेव को प्रशिक्षित किया गया,
यदि कोई आकस्मिक घटना हो जाये,
कैसे उसे सम्हाला जाये,
अन्तोगत्वा समय आया प्रसव का,

प्रथम सन्तानोत्पत्ति का,

कंस को समाचार गया भिजवाया,

कंस आया, हो गया प्रतीक्षारत आगन्तुक कक्ष में;

चिकित्सिका आयी, गयी देवकी कक्ष में,

बच्चा जैसे धराधाम पर आया,

माँ रही बेसुध उसे देख भी नहीं पायी,

पिता वसुदेव ने रखा पत्थर सीने पर,

उस नन्हें से कोमल से शिशु को सौंप दिया कंस के
सैनिक को,

जो शिशु को लेने था आया;

कंस ने जैसे ही देखा उस नन्हें से शिशु को,

दया भाव उमड़ आया,

सोचा लौटा दूँ भगिनी देवकी को यह तो पहला है,

पर तभी नारद का दिया सूत्र याद आया,

काल चक्र में कोई भी आठवाँ हो सकता है,

बदल गया कंस का मनोभाव,

स्वरक्षा भाव आ गया आगे;

कंस ने पाँव पकड़ उठा लिया उस शिशु को,

ले चला लेकर उसे कुछ दूर रखी जहाँ एक शिला थी,

अपने सर के ऊपर उठा लिया उसको,

पटक दिया उसे शिला पर,

एक चीख़ निकली शिशु मुख से,

शांत हो गया सदा-सदा के लिये,
पता नहीं वह शिशु ध्वनि देवकी तक पहुँची या नहीं,
अचानक वह चीख़ पड़ी,
फूट पड़ा क्रन्दन-प्रपात उसके स्वर से,
रुकी नहीं अविरल बहती अश्रुधारा,
वसुदेव भी फूट पड़े,
नहीं सम्हल पाये दुख के निर्झर में,
कई प्रहर तक अवसाद वेदना बनी रही,
दोनों की काया अश्रुजल से सनी रही,
शनै: शनै: वसुदेव ने सम्हाला स्वंय को,
उठाया देवकी को, सान्त्वना दी धीरज रखने की,
अभी तो प्रारम्भ है,
और कई शिशुओं की चीख़ सुननी है,
यही त्याग-तपस्या हमको करनी है।

मृत शिशु का शव भी नहीं दिया जनक-जननी को,
कंस की आज्ञानुसार दफ़न कर दिया किसी कोने में
कारागृह के,
देवकी रही विक्षिप्त कई दिन तक,
रोहिणी आई उससे मिलने,
सेवा की समझाया, नियति का खेल बताया,
देवकी हुयी स्वस्थ धीरे धीरे,

आ गयी पुन: कर्म पथ पर,
बढ़ती क्रोधाग्नि लिये भ्राता पर ।
समय चलता रहा अपनी गति से,
एक, दो, तीन, चार, पाँच बच्चे क्रमश: हो गये
अकाल हत,
कंस के हाथों,
देवकी का क्रोध बदल रहा था,
चिन्ता सता रही थी,
बचायें कैसे अब बच्चों के प्राण ?
छठाँ बच्चा आ चुका था गर्भ में,
चिन्ता बढ़ती जा रही थी,
पर राह नहीं दिखती थी,
एक दिन रोहिणी आई,
उसनें एक नई राह बताई,
दूर देश की एक चिकित्सिका है जो भ्रूण-प्रत्यरोपण
कर सकती है,
तुम्हारे गर्भ के भ्रूण को किसी और के गर्भ में
स्थापित कर सकती है,
तुम यदि चाहो तुम्हारे भ्रूण को मैं ले सकती हूँ,
आने वाले बच्चे को बचा सकती हूँ;
मान गयी देवकी पर कैसे योजना सफल बनायें,
कैसे इतना बड़ा कार्य कर पायें ?

तीनों ने गहन मंत्रणा की,
गुप्त योजना रचित की,
योजना यदि सफल हुयी युग परिवर्तन होगा,
कंस का सर्वनाश अवश्य होगा ।

समाचार मिला कंस को,
देवकी किसी गंभीर व्याधि से ग्रसित है,
राजवैद्य और राज्य की चिकित्सिका नहीं कर सकते
उपचार,
प्रसन्न हुआ बिना प्रयास के ही,
बाँस चला जायेगा बाँसुरी नहीं बन पायेगी;
अनुरोध मिला रोहिणी कोई चिकित्सिका लाई है,
देवकी के परिक्षण हेतु,
अनुमति मिल गयी चिकित्सिका को कारागृह मे आने
की,
चिकित्सा का प्रयास कराने की,
विस्तृत परिक्षण हुआ देवकी का, देवकी के गर्भ का,
अति विलम्ब हो चुका था,
नहीं सम्भव था भ्रूण पर कोई प्रयोग करना,
निश्चित हुआ अगले गर्भ को देखना ।

नौ वर्ष बीत रहे थे,

कुछ दिन में छठवाँ बच्चा आयेगा,

वह भी कंस के हाथों धरा धाम से जायेगा,

सोच सोच कर देवकी घबराती थी,

अपनी पीड़ा, व्यथा नहीं कह पाती थी;

समय बीता, इतिहास की पुनरावृत्ति हुयी,

कंस के हाथों छठे बच्चे की भी मृत्यु हुयी,

हर सम्भव प्रयास करना था,

बाक़ी दोनों बच्चों को किसी भी तरह बचाना था,

योजनानुसार एक बच्चे का भ्रूण हस्तानान्तरण करना
था,

एक बच्चे को बाहर ले जाकर दूसरे से बदलना था,

करो या मरो की स्थिति थी,

प्रत्येक पद सम्हल सम्हल कर रखना था ।

वसुदेव देवकी का दसवाँ वर्ष समाप्ति की ओर था,

उनकी मृदुता मधुरता ने जीत लिया था,

कारागृह का हर प्रहरी, हर बंदी,

जो कोई उनके सम्पर्क में आता,

मन्त्रमुग्ध हो जाता,

हर कोई कंस की नृशंसता से घृणा करता,

पर असहाय सब अत्याचार सहता,

पता था सभी को देववाणी का,

चिन्ता थी सभी को आठवाँ बच्चा बच जाये,

भविष्य में जो उनका दुख हर पाये,
कंस की दानवता से मुक्ति दिलाये,
कंस के अत्याचार समाप्ति की सभी प्रार्थना करते थे,
हर सम्भव प्रयास करने को उद्दत रहते थे ।
गर्भ मे सातवाँ बच्चा जैसे आया,
देवकी ने पुन: अपनी पुरानी अस्वस्थता का ढोंग
दुहराया,
रोहिणी सेवा-सुश्रुषा से लिये रुकने लगी
कभी कभी रात्रि में भी,
एक दिन अपनी पुरानी चिकित्सिका ले आई,
हो गया सफलतापूर्वक भ्रूण-प्रत्यरोपण रोहिणी को,
कंस के सतर्कता विभाग को कुछ पता न चल पाया,
देवकी धीरे धीरे स्वस्थ हो गई ।
कुछ समय पश्चात वसुदेव देवकी ने सूचना दी,
भ्रूण-स्खलन हो गया, गर्भ नहीं टिक पाया,
कंस को हो गया संदेह,
पर क्यों हुआ, समझ नहीं पाया,
उसके राजवैद्य भी कुछ समझ नहीं पाये,
उन्हें भ्रूण-प्रत्यारोपण जैसी कोई विद्या ज्ञात नहीं
थी,
रह गये अनुमान लगाते;
प्रहरी कर दिये गये परिवर्तित,

रोहिणी का आगमन कर दिया सीमित,
विशेष सतर्कता से ही आ सकती थी,
वसुदेव देवकी से मिलने,
एक दिन वसुदेव को कुछ पत्थ्य दे गई,
पुन: नहीं आई मिलने;
कुछ माह पश्चात समाचार मिला कंस को,
रोहिणी को पुत्र-रत्न मिला है,
सबने समझा,
कारागृह में रात्रि वास का पुण्य मिला है ।

बारहवें वर्ष का प्रारम्भ था,
आठवाँ और अन्तिम बच्चा गर्भ में आ चुका था,
योजनानुसार एक माह बिलम्ब से हुयी सूचना
प्रसारित;
वसुदेव हो गये व्यस्त निर्धारित कार्य करने,
कारागृह से सम्बंधित सभी सूचना एकत्र करने,
नया कार्य प्रारम्भ किया,
प्रतिदिन संध्या वंदन पूजन का,
प्रहरियों एवं बन्दियों में प्रसाद वितरण का,
वसुदेव के परिवार से मिष्ठान्न सामग्री
कारागृह के द्वार पर आती थी,

विस्तृत निरीक्षण-परीक्षण कर वसुदेव को भेज दी
जाती थी,

यही संध्या पूजन के पश्चात प्रसाद रूप में बँट जाती
थी,

प्रसाद मधुर था इतना,

लोग संध्या की प्रतिक्षा करते थे,

कभी कभी रात्रि में ख़ूब सोते थे,

भाद्र मास प्रारम्भ हुआ,

शिशु का आगमन कभी भी हो सकता था,

प्रसाद को और भी मादक बना वसुदेव वितरित करते
थे,

प्रहरी निशा-पर्यन्त सोते रहते थे,

कंस ने गणना प्रारम्भ कर दी थी,

एक मास की प्रतिक्षा और अभी बाक़ी थी ।

भाद्र कृष्ण-पक्ष अष्टमी,

रात्रि के अन्तिम प्रहर समाचार मिला,

देवकी के गर्भ से अन्तिम बच्चा आया है,

वसुदेव स्वंय लाये हैं कंस को देने,

कारागृह से मुक्ति लेने,

कंस आया दौड़ा दौड़ा अंतिम शत्रु समाप्त करने,

देव वाणी की शंका से मुक्त होने !

पर यह क्या, बच्चा नहीं बच्ची थी ?

कंस हो गया विस्मित,
देव वाणी असत्य कैसे हो सकती है'
हंता आने वाला था,
यह कैसे उसकी हंता हो सकती है ?
कोई विकल्प नहीं था उसके आगे,
उसने अपना काम किया,
उस बच्ची का काम तमाम किया;
पिछली घटना से उसका संदेह प्रबल हो चला था,
सत्य का पता लगाना था,
निश्चित निष्कर्ष पर आना था;
गुप्तचरों को आदेश दिया सत्य पता लगाने का,
यति कोई षणयंत्र हुआ उसका रहस्य पाने का,
एक दिन एक गुप्तचर आया,
विस्मयकारी संदेश सुनाया,
गोकुल में दबे स्वर में चर्चा है,
एक दाईं किसी से कह रही थी,
मैंने रात्रि में प्रमुख के घर बालिका प्रसव कराई थी,
अगले दिन प्रात: देखा, मिला बालक माँ की गोद में,
चमत्कार है, विधि की लीला,
या कोई रहस्यमयी क्रीड़ा ?
कंस समझ गया,
उसका हंता निकल गया है कारागृह से,

पर समझ नहीं पाया, कैसे ?

सम्पूर्ण गुप्तचर तंत्र हो चुका विफल था ।

मलता रह गया हाथ कंस,

निकल गया तोता पिंजड़े से,

कारागृह के फंदे से;

कंस ने क्रोध निकाला, रोष निकाला

जकड़ दिया वसुदेव देवकी को बेड़ियों में,

कर दिया बंद कालकोठरी में,

"सड़ते रहो यहीं जीवन भर, बस यही मार्ग तुम्हारा है,

या करो प्रतिक्षा मेरे धराधाम पर रहने तक ।"

....

सप्तम सर्ग

नई राह पर

छब्बीस वर्ष व्यतीत हो चुके थे,
कारागृह की प्रस्तर प्रचीरों में,
भूल चुकी थी देवकी कैसा होता,
जीवन उन्मुक्त हवा में,
वह कालिन्दी की धारा,
बातें करती थी जिनसे वह प्रहरों,
खो गयीं थीं दूर कहीं स्मृतियों में,
कोटे, परकोटे मथुरा के महलों के,
खेला करती थी बचपन में,
छोड़ निकल चुकी थी एक नये लक्ष्य को,
एक नये जीवन को,
कितने थे सपनें, कितनी थी आशायें,
पूरा यौवन बीत गया पाषाण शिलाओं में,
देखा नहीं कभी कैसा होता शिशु है,
उनकी चीख़ें ही सदा सुनी उसने;
आज जब मुक्त किया बेटे ने,
ज़ंजीरों से, कारागृह की प्रचीरों से,
साथ मिला बूढ़े जर्जर पिता का,
वह समझ नहीं पाती थी,
प्रसन्नता की अनुभूति करूँ या,
खोजूँ स्वंय को एक नये जग में, एक नये जीवन में;
उसे लगा अब वह बेगानी है,

छोड़ दिया था पितृ सदन सदैव-सदैव के लिये,
पहुँच नहीं पायी पति-गृह,
बहन रोहिणी जिसने उसका दुख समझा था,
कितना कष्ट उठाया था,
उसके सातवें बेटे को जीवन दान दिया,
रख कोख में अपनी,
उसी बेटे को छोड़ यशोदा संग,
चली गयी थी अनंत को,
स्मृतियाँ ही स्मृतियाँ थीं चुभन भरी, रुदन भरी,
लगा वह भी पाषाण शिला हो गयी है,
जो बनना चाहती थी देव मूर्ति,
प्राचीर खण्ड बन गयी है ।

तन्द्रा टूटी जब बेटे ने आवाज़ लगाई,
"माँ क्या सोच रही हो, छोड़ो कल तक की बातें,
जो बीत गया एक बुरा सपना था,
कर्म क्षेत्र में उत्तीर्ण हो चुकी हो तुम,
स्वप्न क्षेत्र है आगे प्रतीक्षा में तेरी,
मार्ग दर्शिका बनो अब मेरी,
मुझे सम्हाला माँ यशोदा ने अब तक,
अब तेरी बारी है।"
देवकी को अनुभूति हुयी,

देवध्वनि आई उसके कानों में,
जगा गई सुप्त चेतना उसकी,
उसने क़दम बढ़ाया,
बढ़ आगे बेटे को गले लगाया,
प्रेमाश्रु बह चले, रुँध गया गला,
किसी तरह संयत हो बोली,
"हाँ पुत्र, तुम हो मान-धन मेरे,
अवश्य तुम पर ममता बरसानी है,
तेरे ही सहारे आगे की राह बनानी है,
चलो बढ़ो आगे अपना कार्य करो,
मथुरा में प्रजातंत्र का निर्माण करो ।"
पर देवकी दाऊ से घुल न पायी थी,
क्या कहे उसे,
कौन सी माँ थी वह उसकी ?

कंस की समाप्ति के साथ ही,
समस्त राक्षसी सेना भी विलुप्त हो गयी थी,
खड़ी हो गयीं समस्यायें अनेक नई थीं,
मगधराज जरासंध रूष्ट था जामातृवध से,
मथुरा का अनिष्ट कर सकता था,
पश्चिम से कालयवन था दृष्टि गड़ाये,
हंता-कंस को धूल धूसरित करने का,

फिर भी राह बनानी थी,
सुसुप्त जन मानस में नई चेतना जागनी थी,
माँ का आदेश वहन करना था,
मथुरा में पुन: जनतंत्र स्थापित करना था;
था ज्ञात उसे जो समाज,
प्रतिकार नहीं कर पाया कंस के अत्याचारों का,
सहता रहा शीश झुकाये बोझ,
हर निर्मम, निर्दयी, अपमानजनक आदेशों का,
वह समाज क्या प्रजातंत्र का अर्थ समझ पायेगा,
क्या जन उत्तरदायित्व का भार उठा पायेगा,
ऐसा समाज जिसको शोषण में ही आनंद मिले,
बँटा हुआ जो विशिष्ट, अति विशिष्ट और अस्पृश्य
समूहों में,
वह क्या राजतंत्र चला पायेगा ?
पर था आदेश जननी का,
जिसने गहन तपस्या की थी उसकी ख़ातिर,
उसको सर, आँखों पर लेना था,
जैसे भी हो मथुरा के जन समाज को,
लोकतंत्र की राह पर लाना था ।
बूढ़े उग्रसेन का हुआ राज्यारोहण,
फिर से मथुरा के राजा बन राज्य सम्हाला,
अनुरोध किया श्रीकृष्ण से सहायता करने का,

राजतंत्र को ब्यवस्थित करने का,
स्पष्ट किया प्रारम्भ में ही राजा केवल प्रमुख होगा,
एक संसद होगी प्रजा की चुनी हुयी,
उसके परामर्श से ही राज्य चलेगा,
अन्तिम निर्णय का अनुमोदन होगा राजा के हाथों,
एक परिषद होगी, राज्य का संचालन वही करेगी ।
दास रही प्रजा ऐसा कुछ समझ न पाई,
प्रजातंत्र चलाने आगे आई,
सोच सोच कर प्रसन्न थी,
इच्छानुसार राजतंत्र चलायेगी,
अपनी समस्याओं को स्वंय सुलझायेगी;
बन गई संसद, बन गया तंत्र,
इस नयी ब्यवस्था में रुचि आई,
समय चला आगे, विकृतियाँ आईं,
स्वार्थगत नीतियों ने आँख दिखाईं,
उन्हें लगा राजा हैं वृद्ध, जर्जर कुछ कर नहीं पाते,
श्रीकृष्ण ही है जो उन्हें नीति, धर्म की राह बताते,
उनकी मनमानी करने से रोका करता है,
उनकी स्वतंत्रता में बाधा बन जाता है,
वह उनके मार्ग का रोड़ा है,
उसी ने उग्रसेन को राजतंत्र से जोड़ा है,
उसे किसी तरह दूर भगाना है,

उसके प्रभाव से मुक्त होना है ।

मिला समाचार जरासंध को,
मथुरा मे खींचा तानी है,
राजतंत्र में फैली नादानी है,
समझ उचित अवसर बदला लेने का,
श्रीकृष्ण से जामातृ ऋण चुकाने का,
कर दिया आक्रमण मथुरा पर,
श्रीकृष्ण ने ले अपनी सेना किया सामना,
कर दिया बाध्य जरासंध को मगध लौट जाने का,
पर साथ ले गया वह अपनी पुत्रियाँ अस्ति और
प्राप्ति ।

कुछ दिन पश्चात पश्चिम से आक्रमण किया
कालयवन नें,
उसे भी लौटना पड़ा हो पंरागमुख मथुरा से,
समय समय पर ऐसे आक्रमण होने लगे मथुरा पर,
संसद में मथुरा के होने लगा विरोध श्रीकृष्ण का,
स्वर उठने लगा उनको मथुरा से दूर कहीं जाने का ।
कालयवन ने पुन: किया आक्रमण,
श्रीकृष्ण ले बलदाऊ को संग भाग चले छोड़ रण,
इसीलिये रणछोड़ जी कहलाये,

एक गुप्त योजना थी कालयवन समझ न पाया,
करता रहा पीछा उनका अकेले छोड़ अपनी सेना पीछे,
कर मित्रता सूर्यवंशी राजा मुचकंद से,
श्रीकृष्ण ने करा दिया समाप्त कालयवन को,
जरासंध अब भी बाक़ी था मथुरा पर अपनी तलवार उठाये,
विरोध अति मुखर हो चला विरुद्ध श्रीकृष्ण के,
मथुरा की संसद में,
माँग उठने लगी वे मथुरा से जायें,
मथुरावासी जरासंध की क्रोधाग्नि से बच पायें,
अन्तत: श्रीकृष्ण ने तैयारी कर ली मथुरा से जाने की,
अपनी एक नई दुनिया बसाने की,
जिस लोकतंत्र की स्थापना की,
वही पड़ गयी उनपर भारी,
जिसका सिरोही सर उसी का,
कर दिया मथुरा के संसद ने ।
श्रीकृष्ण ने कहा माँ देवकी से,
"माँ तुम्हारा आदेश पुष्पित, पल्लवित हो गया,
लोकतंत्र पूर्णरूपेण स्थापित हो गया,
अब मुझे मथुरा की सुरक्षा सुनिश्चित करना है,

अतएव कहीं और प्रस्थान करना है,
पितृ सदन रहा नहीं,
स्थान मेरे लिये मथुरा राज्य में बचा नहीं,
आशीष दो माँ ! मेरी यात्रा शुभ हो,
तेरे आँचल में मेरा भाग्य उदय हो ।"
प्रस्थान कर गये श्रीकृष्ण, बलराम एक अनजानी राह
पर,
गोकुल छूट गया था पहले ही,
मथुरा भी छूट गया ।

....

अष्टम सर्ग

विकास

श्रीकृष्ण, बलराम बढ़ते रहे ले संग एक लघु सेना,
अनजानी राह पर दक्षिण-पश्चिम दिशा अपनाये,
अन्य दिशाओं में शत्रु बहुत थे,
वही दिशा लगी सुरक्षित उनको,
पथ था ज्ञात नहीं,
पाथेय था पास नहीं,
बस एक ही शक्ति थी जो सामर्थ्य देती थी,
आशिर्वाद जननी का,
प्रार्थना पुण्य पिता की ।
पार किये कितने भूखण्ड,
कितने पर्वत, कितनी नदियाँ,
चलते रहे अनवरत, बिना थके, बिना रुके,
पहुँचे रैवतक पर्वत की घाटी में,
डेरा डाल दिया सबने,
सोचा कुछ दिन विश्राम करें,
इस स्थान का पूरा ज्ञान करें,
श्रीकृष्ण ले संग बलदाऊ को,
परिभ्रमण किया चारों ओर,
निर्जन क्षेत्र था, घनी झाड़ियों का जंगल था,
पश्चिम में फैला विशाल सागर था,
एक विस्तृत क्षेत्र को घेरे खड़ा रैवतक था ।
श्रीकृष्ण को लगा यही क्षेत्र,

सम्पूर्ण सुरक्षित है,
इसी भूखण्ड को अपनाना है,
यहीं अपना राज्य बनाना है,
सागर से भय नहीं किसी शत्रु का कोई,
दूर देश से कोई यदि आयेगा रैवतक के पीछे रह
जायेगा;
सेना लगा दी साफ़ सफ़ाई करने में,
जंगल को मैदान बनाने में,
श्रीकृष्ण ने पुकार लगाई मित्र विश्वकर्मा की,
अनुरोध किया रचना करने की,
एक नये नगर की,
सुरक्षित हो, वैभव से भरा हुआ हो,
और हो दिव्य कान्तिमय ।
जुट गये सभी लोग तन से, मन से,
जो कुछ भी धन था उससे,
विश्वकर्मा ने अपनी बुद्धि लगाई,
एक वृहद योजना बनाई,
धीरे-धीरे उभरने लगे महल, एक नगर,
दो वर्ष के अन्त तक एक वैभवशाली नगरी आई,
जो श्रीकृष्ण की द्वारका कहलाई,
मथुरा से लाये गये वसुदेव-देवकी,
सगे-सम्बंधी, सभी पुरजन,

पर हाय ! छूट गये बाबा नंद-योशोदा माँ,
छूट गयी कालिन्दी की राधा,
और छूट गये गोकुल के गोप, गोपियाँ;
कर सम्पन्न वेद विहित विधि से,
पूजा, अर्चना, नगर प्रवेश एवं गृह प्रवेश,
बस गयी द्वारका,
धरा धाम पर स्वर्ण नगरी जो कहलाई,
जिस लोकतन्त्र ने किया विस्थापित मथुरा से,
देवकी पुन: वही जनतन्त्र द्वारका में लाई;
माँ को चिन्ता आई बहुयें लायें,
बेटों का घर संसार बसायें,
हो गयी दाऊ की सगाई कुशस्थली नृप सुता रेवती से,
अब श्रीकृष्ण की बारी थी,
श्रीकृष्ण को संदेश मिला विदर्भ नंदिनी रुक्मिणी का,
विदर्भ राजपरिवार श्रीकृष्ण से घृणा करता था,
विदर्भ-सुता, उनसे प्रेम करती थी,
मिलन का मार्ग कठिन था,
विकल्प केवल एक ही था,
शेर की मॉद से उसका शावक छीन लाना,
रुक्मिणी का विदर्भ से अपहरण,
द्वारका से विदर्भ की लम्बी दूरी थी,

सेना साथ नहीं जा सकती थी,
रुक्मिणी को गुप्त संदेश भेज,
स्वंयवर-तिथि के निकट दाऊ सहित पहुँच गये विदर्भ नगर,
उचित अवसर देख अपहृत कर विदर्भ-बाला,
चल दिये द्‌वारका को,
विदर्भ की सेनाओं ने किया प्रतिकार पर रोक न पाईं;
माँ देवकी के आशीष तले,
रुक्मिणी भार्या बनी श्रीकृष्ण की,
बीजारोपण था यही उद्‌भव का, उत्कर्ष का,
श्रीकृष्ण के नये धर्म रूप का;
द्‌वारका में राजतंत्र हो गया था स्थापित,
दाऊ ही शासनतंत्र की देख-रेख करते थे,
करने लगे श्रीकृष्ण भ्रमण देश देशान्तर का,
बागडोर ले राजनीति की, धर्मनीति की अपने हाथों,
युग था संघर्षों का,
स्वार्थ के आगे बिखरते जीवन मूल्यों का,
धर्म की अवनति का,
पर अवसर भी था,
गुरु संदीपन से जो शिक्षा पायी थी,
उसका सदुपयोग करें,
धर्म और राष्ट्र का निर्माण करें ।

श्रीकृष्ण ने अपनी बुद्धी, ज्ञान, शक्ति, सामर्थ्य,
प्रयुक्त किया,
राष्ट्र निर्माण का मार्ग प्रशस्त किया,
हस्तिनापुर की राजनीति में दृष्टि गड़ाई,
प्रबल राज्यों एवं अन्य गणराज्यों में रुचि दिखलाई,
मगध में जरासंध हो चुका था क्रूर, निर्मम,
अत्याचारी,
प्रागज्योतिशपुर का बाणासुर था व्यभिचारी,
शिशुपाल, पौन्ड्रक, सिन्धुराज जयद्रथ,
पा दुर्लभ शक्ति हो गये थे निरंकुश,
खण्ड खण्ड राष्ट्र बिखरा पड़ा था,
अधर्म, अनीति, अत्याचारों का दानव चहुँ ओर खड़ा
था ।

देश, धर्म की चिन्ता करनी थी,
द्वारका में उनकी जननी थी,
जिसकी भी इच्छा पूरी करनी थी;
कृष्ण को भय लगता था,
जो कुछ हुआ मथुरा में द्वारका में भी हो सकता था,
श्रीकृष्ण ने एक दिन माँ से कहा,
"माँ तेरे स्नेह की छाया में ही मुझको आगे बढ़ना है,
तेरी हर चाहत पूरी करना है,

पर माँ एक बात पुन: कहता हूँ,

लोकतंत्र, प्रजातंत्र जितना अच्छा दिखता है,

होता उससे अधिक छलावा है,

जो समाज अत्मानुशासन का अभाव रखता है,

जहाँ धर्म-अधर्म का ज्ञान नहीं,

जहाँ सत्य-असत्य की पहचान नहीं,

जहाँ ऊँच-नीच का सम्मान नहीं,

जहाँ न्याय-अन्याय का भास नहीं,

जहाँ देशप्रेम का मान नहीं,

लोकतंत्र अवनति को जाता है,

ऐसा समाज नष्ट हो जाता है,

मुझे भय लगता है,

कहीं द्वारका नगरी उस राह न जाये,

कहीं अपनी पहचान न खो जाये,

इसलिये माँ तुम्हें स्वंय आगे आना होगा,

न्याय, धर्म का सर्वोच्च मानदण्ड अपनाना होगा"

....

नवम सर्ग

अन्तिम अध्याय

जरासंध का वध करा दिया पांडु-पुत्र भीम के हाथों,
चेदि नरेश शिशुपाल और पौन्ड्र राज,
पौन्ड्रक का स्वंय सर्वनाश किया,
प्रागज्योतिशपुर नरेश बाणासुर ने क़ैद कर रखा था,
षोडश सहस्र सुन्दरियाँ,
कर विनाश उसका मुक्त किया उनको,
पर एक समस्या आई क्या होगा इन सुन्दरियों का,
श्रीकृष्ण ने दे उन्हें अपनी पत्नी का स्तर,
सम्मान दिया उनको,
जीवन का स्थान दिया उनको,
नारी की गरिमा दी,
कृष्णमय होने की महिमा दी,
अब हस्तिनापुर की बारी थी ।
कृष्णा को भी सम्मान मिले,
धर्म परायण पांडवों को न्याय मिले,
धर्म ध्वजा फहराये,
अन्याय, अंधर्म, अनीति की अवनति हो,
सद्ज्ञान, सद्धर्म की उन्नति हो,
श्रीकृष्ण ने सारथ्य कर्म अपनाया,
जग को गीता का ज्ञान सिखाया,
पर बदले में शापित गांधारी का श्राप मिला,
अंधा तो अंधा ही होता है,

ज्ञान, धर्म क्या जाने,
यदि हो राजदण्ड हाथों में,
अधर्म अवश्य ही कर सकता है,
यही कार्य धृतराष्ट्र-गांधारी करते थे,
पांडवों को अनीति, अन्याय की बेदी पर पर बलि देते
थे,
साधु-प्राणों की रक्षा हो,
दुष्कर्मी दुष्टों का वध हो,
धर्म मिले, न्याय मिले, जग को,
धर्मसिक्त न्यायतन्त्र मिले,
इसीलिये धर्मरथ हाँका था,
अर्जुन रूपी मानव को कर्म पथ पर बाँधा था ।
प्रजातंत्र की सीख मिली थी माँ देवकी से,
पर सदैव चिन्ता रहती थी,
प्रजा प्रबुद्ध हो तभी लोकतंत्र की परम्परा पनपती है;
देवकी ने जो छब्बीस वर्ष बिताये थे,
कारागृह की प्राचीरों में,
मिला पाठ था एकान्त की पीड़ा से,
शासक निरंकुश हो सकता है,
प्रजा का बहुविधि शोषण कर सकता है,
प्रजातंत्र में ऐसा नहीं हो पायेगा,
एक समूह राज्य चलायेगा ।

देवकी के संरक्षण में इसी राह,
द्वारका में थी गति आई,
यही राह दाऊ ने अपनाई,
श्रीकृष्ण बहुधा बाहर ही रहते थे,
धर्म की पुनर्स्थापना में ही रुचि रखते थे ।

महाराज उग्रसेन हो गये थे अति बूढ़े,
उनकी मंत्री परिषद उनकी नहीं सुनती थी,
अपनी ही गति से चलती थी,
सौंप मथुरा की बागडोर कंस-पुत्र के हाथों,
आ गये द्वारका में,
जीवन का अंतिम भाग बिताने,
अपनी पुत्री-प्रपौत्र के पास बची-खुची आस बुझाने,
दाऊ थे निपुण राजतंत्र को किया नियंत्रित,
पर नहीं समझ सके देवकी क्या थी उनकी ?
देवकी पुत्र समझती थी,
पर दाऊ कभी उसे माँ समझ नहीं पाये,
यही एक रिक्तता थी जो दूरी बन बैठी थी,
बसुदेव के मन में भी यह उलंझन रहती थी,
ऐसी थी व्याधि जिसकी नहीं कोई औषधि थी;
कृष्ण को था ज्ञात सम्पूर्ण सत्य,
उनकी अपनी सीमा थी ।

समर महाभारत हो चुका था समाप्त,
राजतिलक हो गया युधिष्ठिर का,
प्रण, कुप्रण पूरे हुये पांडवों के,
मिट चुकी थी पीड़ा द्रुपदसुता कृष्णा की,
सर्वनाश हो गये सभी जो पापी थे,
धर्मपथ पर चल चुका राष्ट्र था,
बचा नहीं कोई कार्य भरत भूखण्ड में,
श्रीकृष्ण द्वारका आये,
मिल अपनों से अति हर्षाये,
माँ देवकी के महलों में उनसे मिलने जब आये,
माँ ने कहा,
"पुत्र पूर्ण हो चुका सब कार्य तुम्हारा,
मुझको अवसर दो मैं आराम करूँ,
सबकी चिन्ता से हो मुक्त ईश का ध्यान करूँ,
बस तुम आस पास रहो मेरे,
जैसे कुन्ती के आसपास रहे अब तक ।"
मंद मंद स्मित मुस्कान लिये,
स्वीकार किया आज्ञा माँ की,
हो गये लिप्त द्वारका की प्रगति में ।
धीरे धीरे श्रीकृष्ण ने देखा परिवर्तन की रेखा,
जो आ रही थी उनके और दाऊ को मध्य,
थे निःसन्तान, नहीं थी सोई सन्तति दाऊ की,

उनकी भार्या रेवती को पूर्व जन्म मे श्राप मिला था,
सन्तान रहित होने का अभिशाप मिला था;
दाऊ खिंचे खिंचे से रहते थे,
मदिरापान में ही रुचि रखते थे,
अपने प्रकोष्ठ से बाहर बहुत कम निकलते थे;
द्वारका बन गया सम्पूर्ण सुरक्षित, सर्वश्रेष्ठ जल-
पत्तन था,
दूर, सूदूर देश से व्यापारी आते थे,
बहुमूल्य वस्तुओं का व्यापार करते थे,
कर स्वरूप जो मिलता था,
नगर प्रबंधन को जाता था,
यदुवंशी भी सुदूर भूखण्ड से बहुमूल्य वस्तुयें लाते थे,
विदेश निर्यात करते थे,
द्वारका भर गया था धन-धान्य, स्वर्ण के भंडारों से,
पार कर चुका था सुख, वैभव की सभी सीमायें ।
चोरी छिपे विदेशी मदिरा भी आयातित होती थी,
जो दाऊ के पास भी पहुँच जाती थी,
वैभव और विलासिता में गहरा नाता,
मदिरा दोनों में मेल बढ़ाती है,
एक बार आ गयी जहाँ लौट नहीं जाती है;
श्रीकृष्ण को ज्ञात हुआ दाऊ पीते हैं,
पा शह उनकी यादव युवक भी पीते हैं,

रेवती भी निराश हो चुकी थी जग से, जीवन से,
दाऊ जो भी करते, करने देती थी ।
जैसे-जैसे वैभव, मदिरा का प्रभाव बढ़ा,
उच्छृन्खला आई यदुवंशी वीरों में,
होने लगे अनर्गल प्रलाप, भ्रष्टाचार ने रंग दिखलाया,
शतधन्वा प्रकरण, स्यमन्तक मणि कांड आदि आगे आये,
वर्ष पर वर्ष बीत रहे थे पर स्थिति,
बद से बदतर होती जाती थी,
हो रहे प्रयास श्रीकृष्ण के व्यर्थ सारे थे,
वैभव, सम्पन्नता के तीस वर्ष बीत चुके थे,
पुत्र, प्रपौत्र भी वयस्क हो चुके थे;
एक दिन आ श्रीकृष्ण ने माँ देवकी से कहा,
"माँ मैंने तेरे सारे आदेश किये पल्लवित, पुष्पित,
पर लोकतंत्र का फल हो रहा कड़वा है,
मदिरा में डूब गये हैं जीवन मूल्य
सम्पन्नता हो रही सिद्धान्तों पर भारी है,
पहचान खो रही सज्जनता,
स्वार्थ की बलिहारी है;
अंतिम प्रयास करना है मुझको,
लोकतंत्र के रक्षा की,
दो आशीष मुझे मिले सफलता;

यदि हुआ विफल सर्वनाश को रोक न पाऊँगा ।"
द्वारका की संसद में कई प्रस्ताव रखे,
आचार संहिता ले आये,
किया हर तरह का प्रयोग पाँच वर्षों तक,
सभी प्रयास रहे विफल श्रीकृष्ण के,
हो चिन्तित निषेधाज्ञा लगवायी,
पर मदिरा तो मदिरा है,
रुकती है कहीं निषेधाज्ञा से,
श्रीकृष्ण के प्रयास निरर्थक होते थे,
लोग रैवतक पर्वत के पार जा पीते थे,
नवयुवकों मे उद्दण्डता चरमोत्कर्ष तक आई थी,
भूल चुके थे शालीनता, सम्मान बड़े-बूढ़ों का,
विधि-विधान के उलन्घन में ही वे सुख पाते थे,
ऋषि-मुनियों को भी अपमानित कर देते थे,
उनके आशिर्वचन नहीं श्राप ही लाते थे ।

छत्तीस वर्ष बीत रहे थे,
देख रहे थे भविष्य की सच्चाई,
यदुवंश यदि इसी राह चला,
सर्वनाश हो जायेगा,
द्वारका का अस्तित्व भी न बच पायेगा,
श्रीकृष्ण ने एक प्रस्ताव रखा,

प्रभास क्षेत्र चलने का,
आमोद-प्रमोद, विहार करने का,
हो गया स्वीकार तुरंत,
सबने कर दी प्रारम्भ तैयारी,
शुभ अवसर देख निकल पड़े सब यादव गण,
किशोर, वृद्ध, युवक सभी,
ले अपनी-अपनी मदिरा, भोजन, आखेट सामग्री,
तथा सेवक गण,
जाना था सबको सोमनाथ तक नौकाओं से,
ले आशिर्वाद शिव का,
आगे की यात्रा थी अश्व-रथ से जो उपलब्ध वहाँ थे
पहले से,
हिरण-कपिला सरिताद्वय के संगम तट पर,
प्रभासक्षेत्र था पड़ाव स्थल,
नियत दिन प्रात: ले चरण-रज माँ-पिता की,
श्रीकृष्ण प्रस्थान कर गये गन्तव्य को;
श्रीकृष्ण प्राय: दूर देश आते-जाते रहते थे,
माँ ने कभी नहीं अनुभव की पीड़ा,
आज अचानक चिन्ता की लहरी आई मातृ हृदय में,
श्रीकृष्ण ने नहीं देखा था माँ को मुड़ कर,
व्यतीत हो गया दिन चिन्ता में,
व्यतीत हुयी निशा भयंकर,

अगले दिन सारथी दारुक जब आया,
हृदय विदारक समाचार लाया,
टूट गिरा नभ जननी के मस्तक पर,
बृद्‌ध पिता वसुदेव हो गये खन्डित;
दाऊ सोमनाथ में ही ले चुके जल-समाधि,
प्रभास क्षेत्र बना गया विनाश क्षेत्र,
हो गये समाप्त यदुवंशी आपस मे लड़ कर,
शोकलिप्त श्रीकृष्ण हत हो गये एक ज़रा-शर से,
बचा नहीं कोई जो यदुवंशी कहलाये ।

भेज दिया था श्रीकृष्ण ने उद्‌धव को बहुत पहले ही,
पांडुपुत्र अर्जुन को हस्तिनापुर से लाने;
देवकी समझ गयी आशय श्रीकृष्ण का,
क्यों नहीं देखा था उनको पलट कर प्रभास क्षेत्र जाते,
यदुवंश का एक ही उत्तराधिकारी बचा था पप्रौत्र बज्र,
जो नन्हा था, बच्चा था,
जिसकी रक्षा करनी थी;
सागर ने प्रारम्भ कर दिया था गर्जन,
मार रहा था लहरें,
सम्पूर्ण नगर डूबाने को,
द्‌वारका का अस्तित्व मिटाने को;
देवकी ने सूचना दी नगर में सभी बचे जन को,

द्‌वारका से दूर चले जाने को,
स्वंय कर रही प्रतीक्षा थी,
अर्जुन के आने की,
परिवार की समस्त स्त्रियों एवं बज्र को सौंप,
ब्रह्मलीन हो जाने की ।
मात्र दो दिन बीते थे भागा भागा अर्जुन आया,
पा यदुवंश विनाश की सूचना चकराया, घबराया,
मिला माँ देवकी से,
बूढ़ी जर्जर काया में दुख सागर में डूबी दो सूनी आँखें,
खोज रही थीं बंशीधर को,
सम्बोधित कर अर्जुन को बोलीं,
"पार्थ ! कुरुक्षेत्र, धर्मक्षेत्र में मेरे बेटे ने कहा था तुमसे,
मैं अजन्मा हूँ, अजेय हूँ, जन्म और मृत्यु से परे हूँ,
समझ नहीं पाती वह कैसे मृत्यु मुख में खो गया,
ज़रा जैसे क्षुद्र के बाण से हत हो गया,
पर जो होना था हो चुका है,
कालचक्र लौटा नहीं सकता कोई,
बचा नहीं अर्थ अब मेरे जीने का,
तुम प्रभास क्षेत्र जाओ,
दारुक तुम्हें वहाँ ले जायेगा,

सबका अंतिम संस्कार कर आओ,
बचे हुये सभी द्वारका के नारी समूह को साथ अपने
ले जाओ ।"

अन्तिम रात्रि थी देवकी की द्वारका नगरी में,
इस भूतल पर, श्रीकृष्ण विहीन धरती पर,
कल प्रातः मुहूर्त में पति के साथ,
अनंत समाधि पर जाना है,
ब्रह्मलीन हो जाना है,
प्रपौत्र बज्र को साथ ले समस्त यदुवंशी,
नारी समूह को अर्जुन के साथ चले जाना है,
द्वारका सागर की अनंत जलनिधि में खो जायेगा,
ज्ञात नहीं यदुवंश पुनः अंकुरित हो पायेगा;
याद आ रहे थे उसे वे दिन,
मथुरा के कारागृह में जो थे बीते,
अकुलाहट थी, घबराहट थी बेड़ियों से मुक्ति पाने
की,
वही अकुलाहट आज पुनः आ गयी देवकी के मस्तक
में,
जग से मुक्ति पाने की ।

....

लेखक का परिचय

डॉ. ओम प्रकाश यादव एक जाने माने लेखक हैं जिनकी रचनायें CreateSpace के माध्यम से प्रकाशित होती रहती हैं । Dr.Yadava भारत स्थित प्रयाग विश्वविद्यालय से रसायन शास्त्र में doctorate हैं और पैंतिस वर्षों तक रक्षा उत्पादन, भारत सरकार में काम कर चुके हैं । सेवानिवृत होने के पश्चात वे मानवअधिकार सम्बन्धित कार्यों एवं लेखन कार्य मे व्यस्त हैं । वे अपनी रचनाओं में भारतीय समाज एवं राष्ट्रीय जीवन में फैली विकृतियों को चित्रित करने का प्रयास करते रहते हैं । उनकी रचनायें हिन्दी और अंग्रेज़ी दोनों भाषाओं में उपलब्ध हैं जो google पर amazon.com-Dr Om Prakash Yadava लिंक पर देखी जा सकती हैं।

ABOUT THE BOOK

Devki is one of the most powerful characters of Mahabharata era. Though she is mother of Lord Krishna yet she finds a very little place in the Mahabharat epic, legends and stories. A treatise has been attempted in this book on her contribution to the deeds of Lord Krishna particularly her efforts to establish a democratic form of government in a land where people don't appreciate such a concept.